Dutch Learner's Dictionary:

1001 Dutch Words in Frequency Order with Example Sentences

HANNA VAN DER MEER

KOEN LIEDER

Copyright © 2017

Published by Wolfedale Press 2017

WOLFEDALE PRESS

All rights reserved. No part of this publication may be reproduced, distributed, or transmitted in any form or by any means, including photocopying, recording, or other electronic or mechanical methods, without the prior written permission of the publisher.

ISBN: 978-1-988800-03-5

CONTENTS

Acknowledgments i
Abbreviations ii
Introduction iii
Frequency Index 1
Alphabetical Index 103

"One language sets you in a corridor for life. Two languages open every door along the way."
— Frank Smith

ACKNOWLEDGMENTS

I would like to express my sincere gratitude to everyone who contributed to the research, proofreading, editing and writing of this book, in particular writing and editing all of the example sentences.

Thank you.

DUTCH LEARNER'S DICTIONARY

ABBREVIATIONS

abb	abbreviation
adj	adjective
adv	adverb
art	article
conj	conjunction
det	determiner
int	interjection
nf	feminine gender noun
nn	neuter gender noun
nm	masculine gender noun
npl	plural noun
num	numeral
part	particle
prep	preposition
pro	pronoun
v	verb

INTRODUCTION

What is a frequency dictionary?

A frequency dictionary is essentially a list of vocabulary words for a foreign language that is organized in order of how common the words are in the language, and not in alphabetical order as with traditional dictionaries.

The value of a frequency dictionary for students of a foreign language is to enable students to focus on the most common words in a language and thus ensure that the effort spent learning new vocabulary items is spent as efficiently as possible. Traditional foreign language textbooks typically present vocabulary in thematic lists, which can aid memorization but without any frequency information, students are unsure if they are memorizing words that they actually need or not. Learning from thematic lists also has the potential to leave gaps in the student's vocabulary for very frequent words that do not fit neatly into the thematic framework.

Frequency dictionaries such as this one are best used as a supplement to more traditional courses and dictionaries and are very useful tools to discover and memorize frequent words that the student has not yet mastered. However, this frequency dictionary does not teach Dutch grammar or pronunciation and therefore should not be considered a standalone course to learn the Dutch language.

Where do the words come from?

The word list used to create this dictionary was adapted from a larger list of the most common 5000 words from Dutch subtitles available on opensubtitles.org. Consequently, the words selected largely represent content from movies and television and therefore are more in the spoken register of the language as opposed to a more literary register. It is our hope that using a corpus of subtitles will additionally expose the reader to the more colloquial and informal spoken language to balance the more literary content often presented to students in more traditional courses.

Additionally, because the content comes from movies and television shows, the list contains words that are not appropriate in all contents, including words considered swear words. The decision was made not to delete these words from the corpus. This was done in order to expose students to words that they will likely hear anyways, and to teach them to be aware of these words that could possibly offend. Any potentially inappropriate language is labeled as "vulgar" in its entry and students are advised to avoid using these words altogether. Although native speakers may use these words quite often, it is very hard for second language speakers to be able to tell how these vulgar words will be received and the potential to cause undue offence is too great.

Which word forms are included?

Words in the Dutch language change forms based on various grammatical rules, as do words in many languages including English, and what word forms to include in a frequency list is a decision that must be made when compiling the list. To use an example from English, are 'ran' and 'run' the same word? What about 'am', 'are' and 'is'? The approach that has been taken in this book is as follows:

1. Regular Dutch verb forms, also known as "weak verbs", that follow the pattern of **ik werk, hij werkt, wij werken, ik werkte, wij werkten, ik heb gewerkt**, are only listed once under the normal dictionary form. This is the most common and most regular verb conjugation in Dutch.
2. Irregular verb forms are listed separately as they occur in the frequency list. Although there are comparatively few irregular verbs in the Dutch language, they number among the most frequently used verbs and therefore must be mastered in all their forms.
3. Regular plurals that add either **–en** or **–s** are combined with the singular forms. Irregular plurals are listed separately.
4. Names of people and places have all been removed.
5. Regular inflected adjectives that add **–e** in the inflected form have been combined with the uninflected adjective form.
6. Words that are spelled the same, but have two distinct meanings frequent enough to justify including both, are listed with their separate meanings as individual entries.
7. Onomatopoeia (ooh, ah, oww etc.) have all been removed.

Although the above philosophy has guided the selection of words, exceptions have occasionally been made if it was felt to benefit the reader.

INTRODUCTION

In the main frequency index of words, which accounts for the majority of this book, each vocabulary entry includes the basic part of speech, a simple English translation or translations, an example Dutch sentence showing the word's correct usage, and an English translation of the example sentence.

To supplement the frequency index, a traditional alphabetical index of all 1001 words has been included at the back of this book. This can be used as a quick reference to find a specific word. The alphabetical index includes the part of speech, the basic English translation and its position in the frequency index for further reference.

FREQUENCY INDEX

1. **ik** *pro* I
   - **Ik ben kort.**
     I am short.

2. **je** *pro* you
   - **Wat doe je daar?**
     What are you doing there?

3. **het** *art* the (before neuter nouns)
   - **Het boek is interessant.**
     The book is interesting.

4. **het** *pro* it
   - **Hoe gaat het?**
     How is it going?

5. **de** *art* the (before masculine and feminine nouns)
   - **De man eet.**
     The man is eating.

6. **dat** *det* that
   - **Dat huis is groot.**
     That house is big.

7. **dat** *pro* that, which, who
   - **Ik ken iemand die dat kan doen.**
     I know someone that can do that.

8. **is** *v* is (3rd person singular present tense of **zijn**)
   - **Zij is een lerares**
     She is a teacher.

9. **een** *art* a, an
   - **Dat is een hond.**
     That is a dog.

10. **niet** *adv* no, not
    - **Dat is niet waar.**
      That is not true.

11. **en** *conj* and
    - **De jongen en het meisje**
      The boy and the girl

12. **wat** *pro* what
    - **Wat wil je doen?**
      What do you want to do?

13. **van** *prep* of, from, by, belonging to
    - **Dit boek is van Anne.**
      This is Anne's book.

14. **we** *pro* we
    - **Wat kunnen we doen?**
      What can we do?

15. **in** *prep* in
    - **In Nederland spreekt men Nederlands.**
      In the Netherlands, they speak Dutch.

16. **ze** *pro* she (unstressed form of **zij**)
    - **Ze is groter dan ik.**
      She is taller than me.

17. **ze** *pro* they (unstressed form of **zij**)
    - **Ze kunnen geen Nederlands spreken.**
      They can't speak Dutch.

18. **hij** *pro* he
    - **Waar ging hij heen?**
      Where did he go?

19. **op** *prep, adv* up, on
- **Jij bent vroeg op vandaag.**
  You're up early today.

20. **te** *prep, adv* to, too
- **Is er iets te drinken?**
  Is there something to drink?

21. **zijn** *v* to be
- **Ik wil jouw vriend zijn.**
  I want to be your friend.

22. **zijn** *prep* his, its
- **Dat is zijn hoed.**
  That is his hat.

23. **er** *adv* there
- **Hij was er niet.**
  He wasn't there.

24. **maar** *conj* but
- **Ik hou van honden, maar niet van katten.**
  I like dogs but not cats.

25. **die** *det* that (m or f), those
- **Die vrouw is mooi.**
  That woman is beautiful.

26. **hebben** *v* to have
- **We hebben geen brood.**
  We don't have any bread.

27. **me** *pro* me
- **Vertel me de waarheid.**
  Tell me the truth.

28. **met** *prep* with
- **Kom met me mee alsjeblieft.**
  Come with me please.

29. **voor** *prep* for, before, in front of
- **Is dat cadeautje voor mij?**
Is that present for me?

30. **als** *conj* if, when
- **Als het regent worden we nat.**
If it rains we get wet.

31. **als** *prep* like, as
- **Hij is even groot als jij.**
He is as tall as you.

32. **ben** *v* am (1st person singular present tense of **zijn**)
- **Ik ben een arts.**
I am a doctor.

33. **was** *v* was (singular past tense of **zijn**)
- **Hij was gisteren te laat.**
He was late yesterday.

34. **dit** *det* this (neuter)
- **Dit kind is ziek.**
This child is sick.

35. **mijn** *det* my
- **Zij is mijn vriendin.**
She is my friend.

36. **om** *prep* around, about, at (a time)
- **Ik ben er om vijf uur.**
I'll be there at five o'clock.

37. **om** *conj* (**om te** - in order to)
- **Ik moet nu weg om er op tijd te komen.**
I need to leave now to get there on time.

38. **aan** *prep* on, to
- **Geef het aan mij.**
Give it to me.

39. **jij** *pro* you
    - **Jij was er niet.**
      You weren't there.

40. **naar** *prep* to, towards
    - **Laten we naar het strand gaan.**
      Let's go to the beach.

41. **dan** *adv* then
    - **Ik ga naar de supermarkt en dan naar huis.**
      I am going to the supermarket and then home.

42. **dan** *conj* than
    - **Ik ben ouder dan jij.**
      I am older than you.

43. **hier** *adv* here
    - **Het is koud hier.**
      It is cold here.

44. **weet** *v* to know (a fact etc.)
    - **Weet je waar het is?**
      Do you know where it is?

45. **kan** *v* can (singular present tense of **kunnen**)
    - **Ik kan het doen.**
      I can do it.

46. **geen** *det* no, not a, not any (before a noun)
    - **Ik ben geen advocaat.**
      I am not a lawyer.

47. **nog** *adv* still, yet, more
    - **De kamer is nog steeds schoon.**
      The room is still clean.

48. **moeten** *v* to have to, must, should
    - **Ze moeten meer praten.**
      They have to speak more.

49. **willen** *v* to want, desire
    - **Willen ze komen?**
      Do they want to come?

50. **wel** *adv* certainly, do (emphasizes positive)
    - **Ik hou wel van golf!**
      I do like golf!

51. **ja** *int* yes
    - **Ben je ziek? Ja.**
      Are you sick? Yes.

52. **zo** *adv* so, thus, like that
    - **Het is zo koud.**
      It is so cold.

53. **heeft** *v* have (3rd present tense of **hebben**)
    - **Heeft hij een vriendin?**
      Does he have a girlfriend?

54. **hem** *pro* him
    - **Zie je hem?**
      Do you see him?

55. **goed** *adj, adv* good, well, fine
    - **Ik voel me goed vandaag.**
      I feel good today.

56. **nee** *int* no
    - **Is dit jouw boek? Nee.**
      Is this your book? No.

57. **waar** *adv* where
    - **Waar is Luuk?**
      Where is Luke?

58. **nu** *adv* now
    - **Wat is er nu weer dan?**
      What is it now?

59. **hoe** *adv* how
    - **Hoe gaat het met je?**
      How are you?

60. **gaan** *v* to go
    - **Ik ga naar huis.**
      I'm going home.

61. **haar** *pro* her
    - **Dit is haar zus.**
      This is her sister.

62. **haar** *nn* hair
    - **Ze heeft kort haar.**
      She has short hair.

63. **uit** *adv* uit, off
    - **De televisie is uit.**
      The television is off.

64. **doen** *v* to do
    - **Wat zijn ze nu aan het doen?**
      What are they doing now?

65. **ook** *adv* also, too
    - **Dat kan ik ook.**
      I can do that too.

66. **over** *adv* over, above, about
    - **Wat is dat voor boek over?**
      What is that book about?

67. **bent** *v* (you) are (2nd singular present tense of **zijn**)
    - **Je bent Nederlands?**
      You are Dutch?

68. **mij** *pro* me
    - **Hij heeft geprobeerd mij te helpen.**
      He tried to help me.

69. **of** *conj* or
    - **Wil je koffie of thee?**
      Do you want coffee or tea?

70. **komen** *v* to come
    - **Ik kom snel terug.**
      I'm coming back soon.

71. **zou** *v* would, should (singular past tense of **zullen**)
    - **Ik zou dat niet doen.**
      I would not do that.

72. **al** *det* all, all of
    - **Heb je al het bier opgedronken?**
      Did you drink all the beer?

73. **al** *adv* already
    - **Het is al negen uur.**
      It is nine o'clock already.

74. **bij** *prep* at, with, by
    - **Ik woon bij de zee.**
      I live by the sea.

75. **daar** *adv* there
    - **Ben je daar geweest?**
      Have you been there?

76. **ons** *pro* us
    - **Geef ons wat te eten.**
      Give us some food.

77. **jullie** *pro* you (plural)
    - **Zijn jullie klaar?**
      Are you (plural) ready?

78. **iets** *pro* something, anything
    - **Ik moet iets eten.**
      I need to eat something.

79. **zal** *v* will, shall (singular present tense of **zullen**)
- **Dat zal niet werken.**
  That will not work.

80. **meer** *adv* more
- **Wilt u meer te drinken?**
  Do you want more to drink?

81. **meer** *nn* lake
- **Mijn huis is dicht bij een meer.**
  My house is close to a lake.

82. **waarom** *adv* why
- **Waarom vind je het leuk om te reizen?**
  Why do you like to travel?

83. **had** *v* had (singular past tense of **hebben**)
- **Ik had een geweldige tijd.**
  I had a great time.

84. **deze** *det* this (before masculine and feminine nouns)
- **Deze boom is lang en groen.**
  This tree is tall and green.

85. **laat** *adj* late
- **Ze komt altijd te laat.**
  She always arrives late.

86. **jou** *pro* you (object)
- **Ik kan het niet aan jou geven.**
  I can't give it to you.

87. **m'n** *pro* my (contraction of **mijn**)
- **Dat is m'n dochter.**
  That is my daughter.

88. **wie** *pro* who
- **Wie is je leraar dit jaar?**
  Who is your teacher this year?

89. **kunnen** *v* to be able, can
- **Ze kunnen geen Engels spreken.**
  They can't speak English.

90. **alles** *pro* everything
- **Is alles goed?**
  Is everything okay?

91. **denken** *v* to think
- **Ik denkt dat dit te klein is.**
  I think that this is too small.

92. **door** *prep* through, across, because of
- **Hij liep door de deur.**
  He walked through the door.

93. **echt** *adj, adv* real, genuine, really
- **Jan is een echte Amsterdammer.**
  Jan is a real Amsterdammer.

94. **alleen** *adj* alone, by oneself
- **Ze is alleen vanavond.**
  She is alone tonight.

95. **alleen** *adv* only, just
- **Alleen dan zal het werken.**
  Only then will it work

96. **eens** *adv* once, sometime
- **We vergaderen eens per maand.**
  We meet once a month.

97. **dus** *adv* thus, so
- **Dus dit is waar je woont.**
  So this is where you live.

98. **weg** *adv* away, gone
- **Ga alsjeblieft weg.**
  Please go away.

99. **weg** *nm* way, road, route
- **We zullen een andere weg kiezen.**
  We will choose another way.

100. **oké** *adj* okay, good, correct
- **Oké mam, ik zal komen.**
  Okay mom, I'll come.

101. **zien** *v* see
- **Ik zie de oceaan.**
  I see the ocean.

102. **toch** *adv* still, anyway, after all, isn't it
- **Ze is ziek, maar toch werkt hij door.**
  She is sick but still keeps working.

103. **man** *nm* man
- **Hij is een oude man.**
  He is an old man.

104. **nooit** *adv* never
- **Mijn kamer is nooit schoon.**
  My room is never clean.

105. **terug** *adv* back
- **Ik ben in een uur terug.**
  I'll be back in an hour.

106. **laten** *v* to leave, let, allow
- **Laat dat daar maar liggen.**
  Just leave it lying there.

107. **nou** *adv* now (alternative form of **nu**)
- **Wat moeten we nou doen?**
  What should we do now?

108. **nou** *int* well (indicating doubt), wow (indicating surprise)
- **Nou, ik weet het niet zeker.**
  Well, I'm not sure.

109. **mee** *adv* with
- **Ze nemen vaak de boeken mee om thuis te lezen.**
  They often take the books with them to read at home.

110. **misschien** *adv* perhaps, maybe
- **Misschien zal ik gaan.**
  Maybe I will go.

111. **even** *adv* equally, even
- **Beide opties zijn even goed.**
  Both options are equally good.

112. **iemand** *pro* someone
- **Heeft iemand met je gesproken?**
  Has someone spoken to you?

113. **niets** *pro* nothing
- **Ik heb niets te doen.**
  I have nothing to do.

114. **zei** *v* said, told (singular past tense of **zeggen**)
- **Ze zei sorry.**
  She said sorry.

115. **houden** *v* keep, (**houden van** - to like, love)
- **Ik hou van Amsterdam.**
  I like Amsterdam.

116. **mensen** *npl* people
- **Er zijn te veel mensen hier.**
  There are too many people here.

117. **onze** *det* our
- **Onze auto is zilver.**
  Our car is silver.

118. **nodig** *adj* necessary (**nodig hebben** - to need)
- **Ik heb een koffie nodig.**
  I need a coffee.

119. **tot** *prep* until, to
- **De winkel is geopend tot zes uur.**
  The store is open until six o'clock.

120. **worden** *v* to become, be
- **Hij wilde altijd al leraar worden.**
  He always wanted to become a teacher.

121. **veel** *det* many, much, a lot
- **Ik heb veel vrienden.**
  I have a lot of friends.

122. **weten** *v* to know, be familiar with
- **Ik wil meer weten over computers.**
  I want to know about computers.

123. **leven** *v* to live, be alive
- **We leven in een rijk land.**
  We live in a rich country.

124. **leven** *nn* life
- **Hij schreef een boek over zijn leven.**
  He wrote a book about his life.

125. **wij** *pro* we
- **Wij wonen in Amsterdam.**
  We live in Amsterdam.

126. **weer** *adv* again
- **We moeten het allemaal weer opnieuw uitleggen.**
  We have to explain it all over again.

127. **weer** *nn* weather
- **Het is mooi weer vandaag.**
  The weather is nice today.

128. **gewoon** *adj* regular, normal
- **Hij is een gewone jongen.**
  He is a normal boy.

129. **kijken** *v* to look, watch
- **Kijk me aan.**
  Look at me.

130. **tijd** *nm* time
- **Heb je tijd?**
  Do you have time?

131. **zeggen** *v* to say, tell
- **Ik weet niet wat ik moet zeggen.**
  I don't know what to say.

132. **twee** *num* two
- **Ik heb twee dochters.**
  I have two daughters.

133. **toen** *conj* when, then
- **Toen ging hij weg.**
  Then he left.

134. **tegen** *prep* against, towards
- **We speelden tegen hun team.**
  We played against their team.

135. **zitten** *v* to sit
- **Ze zit in die stoel elke dag.**
  She sits in that chair every day.

136. **net** *adv* just, exactly (**net als** - just like)
- **Net als u, maak ik me hier zorgen over.**
  Just like you, I am worried about this.

137. **dood** *adj* dead
- **De plant is dood.**
  The plant is dead.

138. **uw** *det* your (formal)
- **Is dat uw baas?**
  Is that your boss?

139. **maken** *v* to make
- **Ik wil een reservering maken.**
  I want to make a reservation.

140. **mag** *v* may, be allowed, can (singular present tense of **mogen**)
- **Mag ik nog een koekje?**
  May I have another cookie?

141. **één** *num* one
- **Zij heeft één broer.**
  She has one brother.

142. **z'n** *det* his (contraction of **zijn**)
- **Dat is z'n hond.**
  That is his dog.

143. **omdat** *conj* because
- **Hij komt niet omdat hij ziek is.**
  He is not coming because he is sick.

144. **gedaan** *v* done (past participle of **doen**)
- **Graag gedaan.**
  You're welcome. (literally: gladly done)

145. **heel** *adv* very
- **De thee is heel heet.**
  The tea is very hot.

146. **af** *adv* off
- **De automobilist reed de weg af.**
  The driver drove off the road.

147. **altijd** *adv* always
- **Ze zijn altijd te laat.**
  They are always late.

148. **jouw** *det* your (informal)
- **Waar komt jouw vader vandaan?**
  Where is your father from?

149. **zeker** *adj, adv* certain, sure, surely, definitely
- **Ik zal je zeker helpen.**
  I will definitely help you.

150. **wachten** *v* to wait
- **Hij wacht op zijn moeder.**
  He is waiting for his mother.

151. **allemaal** *pro* all, everyone
- **Het zal allemaal wel goed komen.**
  It will all be fine.

152. **jaar** *nn* year
- **Vorig jaar ging ik naar Spanje.**
  Last year I went to Spain.

153. **dag** *nm* day
- **Welke dag is het vandaag?**
  What day is It today?

154. **zij** *pro* she
- **Zij is erg moe.**
  She is very tired.

155. **zij** *pro* they
- **Zij gaan morgen weg.**
  They leave tomorrow.

156. **hun** *pro* them
- **Ik heb het hun gegeven.**
  I gave it to them

157. **hun** *pro* their
- **Waar is hun moeder?**
  Where is there mother?

158. **huis** *nn* house
- **Ze wonen in een groot huis.**
  They live in a big house.

159. **vader** *nm* father
- **Mijn vader is Nederlands.**
  My father is Dutch.

160. **danken** *v* to thank
- **Dank je wel.**
  Thank you.

161. **dacht** *v* thought (singular past tense of **denken**)
- **Ik dacht daar niet aan.**
  I didn't think about that.

162. **zoals** *conj* like, such as, just like
- **Huisdieren zoals honden en kitten**
  Pets like dogs and cats

163. **vrouw** *nf* woman
- **Ze is een grote vrouw.**
  She is a tall woman.

164. **keer** *nm* time (occasion, instance)
- **Ik ben twee keer in Londen geweest.**
  I have been to London twice (two times).

165. **anders** *adj* different, otherwise
- **De situatie is anders dan vorig jaar.**
  The situation is different from last year.

166. **erg** *adv* very
- **Haar appartement was erg klein.**
  Her apartment was very small.

167. **spijten** *v* to cause regret, to be sorry
- **Het spijt me.**
  I am sorry.

168. **bedankt** *int* thanks
- **Bedankt voor je harde werk.**
  Thanks for your hard work.

169. **niemand** *pro* nobody
- **Niemand zei dat het gemakkelijk was.**
  Nobody said it was easy.

170. **geld** *nn* money
- **We hebben geen geld voor nieuwe dingen.**
  We have no money for new things.

171. **niks** *pro* nothing
- **Dat is niet niks.**
  That is not nothing.

172. **iedereen** *pro* everyone
- **Iedereen heeft een verhaal te vertellen.**
  Everyone has a story to tell.

173. **hé** *int* hey
- **Hé, kijk uit waar je loopt!**
  Hey, watch where you're going!

174. **binnen** *prep* inside, within
- **We moeten het doen binnen 24 uur.**
  We need to do it within 24 hours.

175. **staat** *nm* state
- **Dit zal leiden tot een staat binnen de staat.**
  This will create a state within a state.

176. **wilde** *v* wanted (singular past tense of **willen**)
- **Ik wilde een dokter worden.**
  I wanted to become a doctor.

177. **zich** *pro* himself, herself (reflexive pronoun)
- **Hij wast zich.**
  He is washing himself.

178. **beter** *adj* better
- **Dit is een beetje beter.**
  This is a little bit better.

179. **werk** *nn* task, thing to do, profession
- **Ik heb een hoop werk te doen.**
  I have a lot of work to do.

180. **praten** *v* to talk
- **We moeten praten over dit.**
  We need to talk about this.

181. **god** *nm* god
- **Geloof jij in God?**
  Do you believe in God?

182. **gezien** *v* seen (past participle of **zien**)
- **Heb je de nieuwe toneelstuk gezien?**
  Have you seen the new play?

183. **zullen** *v* will, shall, should, must
- **Ze zullen snel naar huis gaan.**
  They will go home soon.

184. **waren** *v* were (plural past tense of **zijn**)
- **We waren de hele nacht thuis.**
  We were home all night.

185. **nemen** *v* to take
- **Ik moet een douche nemen.**
  I need to take a shower.

186. **vinden** *v* to find
- **Ik kan mijn sleutels nergens vinden.**
  I can't find my keys anywhere.

187. **moeder** *nf* mother
- **Mijn moeder komt uit Nederland.**
  My mother comes from the Netherlands.

188. **kon** *v* could (singular past tense of **kunnen**)
- **Ik kon er niet op tijd komen.**
  I couldn't be there on time.

189. **uur** *nn* hour, o'clock
- **Het is twaalf uur.**
  It is twelve o'clock.

190. **klaar** *adj* ready
- **Ben je nog niet klaar?**
  Are you still not ready?

191. **genoeg** *adv* enough
- **Ik heb niet genoeg energie.**
  I don't have enough energy.

192. **helpen** *adv* to help
- **Meer mensen nodig hebben om te helpen.**
  More people need to help.

193. **drie** *num* three
- **Ik heb drie jongere broers.**
  I have three younger brothers.

194. **vast** *adj* firm, fast, fixed, permanent
- **Haar baas bood haar een vaste functie aan.**
  Her boss offered her a permanent position.

195. **na** *prep* after, behind
- **Na een korte pauze ging ik verder.**
  After a brief pause, I continued.

196. **hallo** *int* hello
- **Hallo, is Luuk daar?**
  Hello, is Luke there?

197. **leuk** *adj* likable, funny, nice
- **Het feest was echt leuk.**
  The party was really fun.

198. **sorry** *int* sorry
- **Sorry, ik heb geslapen.**
  Sorry, I slept in.

199. **elkaar** *pro* each other, one another
- **Hebben ze met elkaar praten?**
  Do they talk to each other?

200. **toe** *adj* closed, shut
- **De deur is toe.**
  The door is closed.

201. **wist** *v* knew (singular past tense of **weten**)
- **Ik wist dat hij een slechte werknemer was.**
  I knew that he was a bad employee.

202. **bedoelen** *v* to mean, intend
- **Ik wil graag uitleggen wat ik bedoel.**
  I would like to explain what I mean.

203. **blijven** *v* to stay, remain
- **Hoe lang wil je blijven?**
  How long do you want to stay?

204. **alsjeblieft** *adv* please, here you are (informal)
- **Kun je me helpen, alsjeblieft?**
  Could you help me please?

205. **lang** *adj* long, tall
- **Ik ben niet erg lang.**
  I am not very tall.

206. **meneer** *nm* sir, mister
- **Sorry meneer, maar dat kunnen wij niet doen.**
  Sorry sir, but we can't do that.

207. **luisteren** *v* to listen
- **Luister naar je moeder.**
  Listen to your mother.

208. **ding** *nn* matter, thing
- **Ze hebben slechts één ding gemeen.**
  They only have one thing in common.

209. **mooi** *adj* beautiful, pretty
- **Mijn vrouw is erg mooi.**
  My wife is very beautiful.

210. **werd** *v* became, was (singular past tense of **worden**)
- **Hij werd een rijke arts.**
  He became a wealthy doctor.

211. **eerste** *adj* first
- **Eerst moet je hard studeren.**
  First you need to study hard.

212. **graag** *adv* willingly, gladly, please
- **Ik wil graag iedereen bedanken voor hun inzet.**
  I would like to thank everyone for their efforts.

213. **natuurlijk** *adv* of course, naturally
- **Natuurlijk spreek ik Nederlands.**
  Of course I speak Dutch.

214. **zonder** *prep* without
- **Zij ging de deur uit zonder hoed.**
  She went out the door without a hat.

215. **steeds** *adv* increasingly, more and more, still
- **Zij is nog steeds ziek.**
  She is still sick.

216. **krijgen** *v* to get, receive
- **Hoe krijg ik meer geld?**
  How do I get more money?

217. **groot** *adj* big, large
- **Ze ving een grote vis.**
  She caught a big fish.

218. **achter** *prep* behind, beyond
- **Achter ons huis is er een grote boom.**
  Behind our house there is a big tree.

219. **helemaal** *adv* completely, at all
- **Ik heb er helemaal niet aan gedacht.**
  I didn't think of it at all.

220. **naam** *nm* name
- **Zijn naam is Michael.**
  His name is Michael.

221. **gek** *adj* crazy, mad, ludicrous
- **Ik heb een gek idee.**
  I have a crazy idea.

222. **onder** *adv* under, downwards
- **Je liet hem onder de tafel.**
  You dropped it under the table.

223. **vriend** *nm* male friend, boyfriend
- **Jacobus is mijn beste vriend.**
  Jacobus is my best friend.

224. **geweest** *v* been (past participle of **zijn**)
- **Ja, ik ben er eens geweest.**
  Yes, I've been there once.

225. **geven** *v* to give
- **Ik zal het aan je geven.**
  I will give it to you.

226. **ging** *v* went (singular past tense of **gaan**)
- **Ze ging vroeg naar bed.**
  She went to bed early.

227. **vertellen** *v* to tell
- **Dat is alles wat ik je kan vertellen.**
  That's all I can tell you.

228. **ooit** *adv* sometime, ever, once
- **Ben jij ooit in Antwerpen geweest?**
  Have you ever been to Antwerp?

229. **snel** *adj, adv* fast, quick, quickly
- **Ik hoor een auto die zeer snel rijdt.**
  I hear a car that is driving very quickly.

230. **hand** *nf* hand
- **Ik heb vijf vingers aan mijn hand.**
  I have five fingers on my hand.

231. **idee** *nn* idea
- **Dat is een fantastisch idee!**
  That is a fantastic idea!

232. **auto** *nm* car, automobile
- **Mijn broer heeft een dure auto.**
  My brother has an expensive car.

233. **kwam** *v* came (singular past tense of **komen**)
- **Ik kwam te laat.**
  I came too late.

234. **verdomme** *int* (vulgar) dammit
- **Wat ben je verdomme aan het doen?**
  Damnit, what are you doing?

235. **beetje** *det* a bit, a little bit
- **Ik spreek een beetje Nederlands.**
  I speak a little Dutch.

236. **moest** *v* had to, should (singular past tense of **moeten**)
- **Ik moest binnen blijven de hele dag.**
  I had to stay inside all day.

237. **kinderen** *nn* children (plural of **kind**)
- **We hebben vier kinderen.**
  We have four children.

238. **wanneer** *adv* when
- **Wanneer moeten we voldoen?**
  When should we meet?

239. **gebeurd** *v* happened (past participle of **gebeuren**)
- **Wat is er allemaal gebeurd?**
  What's happened?

240. **jongen** *nm* boy
- **De jongen draagt een hoed.**
  The boy is wearing a hat.

241. **bang** *adj* scared, frightened
- **Waar ben je bang voor?**
  What are you afraid of?

242. **vraag** *nf* question
- **Ze vroeg me een grappige vraag.**
  She asked me a funny question.

243. **lijken** *v* to seem, appear
- **Het nieuwe plan lijkt te werken.**
  The new plan seems to be working.

244. **geweldig** *adj* tremendous, great, awesome
- **Onze reis was een geweldige ervaring.**
  Our trip was a great experience.

245. **paar** *nn* pair couple, few
- **We moeten hier een paar dagen blijven.**
  We should stay here a few days.

246. **horen** *v* to hear
- **Ik kan je niet heel goed horen.**
  I can't hear you very well.

247. **laatst** *adj* latest, most recent, last
- **Het laatste boek van de schrijver was de beste.**
  The author's latest book was the best.

248. **deed** *v* did (singular past tense of **doen**)
- **Hij deed het beter dan ik.**
  He did it better than me.

249. **nieuw** *adj* new
- **Ik heb een nieuwe auto nodig.**
  I need a new car.

250. **vragen** *v* to ask (a question)
- **Mag ik u iets vragen?**
  May I ask you something?

251. **kun** *v* can (2nd person singular present tense of **kunnen**)
- **Kun jij iets doen voor mij?**
  Can you do something for me?

252. **zag** *v* saw (singular past tense of **zien**)
- **Gisteren zag ik je zus.**
  Yesterday I saw your sister.

253. **zorgen** *v* to make sure, take care of
- **Ik moet voor mijn eigen kinderen zorgen.**
  I have to take care of my own children.

254. **staan** *v* to stand, to be located, placed
- **Er staat een boom voor het huis.**
  There is a tree in front of the house.

255. **wereld** *nf, nm* world
- **Ik wil rond de wereld reizen.**
  I want to travel around the world.

256. **eten** *v* to eat
- **Wat wil je eten?**
  What do you want to eat?

257. **enig** *adj* only, single
- **Het is het enige juiste antwoord.**
  It is the only correct answer.

258. **zelf** *adv* oneself, by oneself
- **Ik heb het zelf gedaan.**
  I did it myself.

259. **want** *conj* because, for
- **Ik kan niet gaan want ik ben ziek.**
  I can't go because I am sick.

260. **heen** *adv* to, towards, away
- **Waar ga je heen?**
  Where are you going?

261. **zo'n** *det* such a, what a, about
- **Ik slaap zo'n zeven uur per nacht.**
  I sleep about seven hours a night.

262. **kennen** *v* to know (a person or thing)
- **Ik ken een beroemde schrijver.**
  I know a famous author.

263. **vandaag** *adv* today
- **Het is vandaag zo koud.**
  It is so cold today.

264. **zelfs** *adv* even
- **Zelfs de beste medewerkers maken fouten.**
  Even the best employees make mistakes.

265. **ie** *pro* he (informal)
- **Hoe doet ie dat?**
  How does he do that?

266. **gezegd** *v* said (past participle of **zeggen**)
- **Ik denk dat ik iets verkeerds gezegd heb.**
  I think that I said something wrong.

267. **hadden** *v* had (plural past tense of **hebben**)
- **We hadden een geweldige tijd.**
  We had a great time.

268. **eerst** *adv* first
- **Dit is mijn eerste keer in Nederland.**
  This is my first time in the Netherlands.

269. **gevonden** *v* found (past participle of **vinden**)
- **Hebt u het nog gevonden?**
  Have you found it yet?

270. **zoon** *nm* son
- **Vandaag is het mijn zoon zijn verjaardag.**
  Today is my son's birthday.

271. **buiten** *adv* outside
- **Het is koud buiten.**
  It is cold outside.

272. **samen** *adv* together
- **De broers wonen samen.**
  The brothers live together.

273. **geloof** *nn* belief, convictions
- **Ze heeft een sterk geloof in zichzelf.**
  She has a strong belief in herself.

274. **morgen** *adv* tomorrow
- **Morgen wordt het een zonnige dag.**
  Tomorrow will be a sunny day.

275. **morgen** *nm* morning (less common meaning)
- **Zij begint elke morgen om vijf uur.**
  She starts work every morning at five o'clock.

276. **geleden** *adv* ago
- **Dat is lang geleden.**
  That's a long time ago.

277. **meisje** *nn* girl
- **Het meisje droeg een gele jurk.**
  The girl was wearing a yellow dress.

278. **thuis** *adv* at home
- **Ik moet snel thuis te zijn.**
  I need to be home soon.

279. **rustig** *adj* calm, quiet
- **Ik studeer in een rustige bibliotheek.**
  I study in a quiet library.

280. **halen** *v* to get, fetch, reach
- **Ze ging naar huis om haar fiets te halen.**
  She went home to get her bicycle.

281. **probleem** *nn* problem
- **Dit is een groot probleem.**
  This is a big problem.

282. **hen** *pro* them
- **Ik ken hen niet.**
  I don't know them.

283. **eigen** *adj* own, self
- **De kinderen hebben allemaal een eigen kamer.**
  The children all have their own room.

284. **hoop** *nm* pile, heap, stack, a lot
- **Heb ik te danken aan een hoop geld.**
  I owe a lot of money.

285. **hoop** *nf* hope
- **Er is altijd hoop op een betere toekomst.**
  There is always hope for a better future.

286. **wou** *v* wanted, wished (singular past tense of **willen**)
- **Zij wou vroeg naar huis gaan.**
  She wanted to go home early.

287. **vermoord** *v* murdered (past participle of **vermoorden**)
- **Tien Belgische para's werden vermoord tijdens de genocide.**
  Ten Belgian paratroopers were murdered during the genocide.

288. **elk** *det* each, every
- **Drink jij elke ochtend koffie?**
  Do you drink coffee every morning?

289. **gelijk** *nn* right, truth
- **Je hebt gelijk.**
  You are correct (literally: You have truth).

290. **bijna** *adv* almost, soon
- **Mijn zoon is bijna drie jaar oud.**
  My son is almost three years old.

291. **zouden** *v* would, should (plural past tense of **zullen**)
- **Zij zouden het mij hebben laten zien.**
  They would have shown it to me.

292. **open** *adj* open
- **Is het restaurant nog niet open?**
  Is the restaurant open yet?

293. **orde** *nf* order
- **Zij zijn verantwoordelijk voor het handhaven van de orde.**
  They are responsible for maintaining order.

294. **begrijpen** *v* to understand
- **Het spijt me. Ik kan je niet begrijpen.**
  I'm sorry. I can't understand you.

295. **hoofd** *nn* head
- **Hij heeft een groot hoofd.**
  He has a big head.

296. **gebeuren** *v* to happen
- **Ze voorspelde wat er dit jaar zal gebeuren.**
  She predicted what will happen this year.

297. **kant** *nm* side, way
- **Ik sta aan de kant van de weg.**
  I am standing at the side of the road.

298. **eigenlijk** *adv* actually, really
- **Eigenlijk weet ik niet wat het probleem is.**
  Actually, I don't know what the problem is.

299. **alsof** *conj* as if
- **Het is alsof de tijd heeft stilgestaan.**
  It is as if time stood still.

300. **pak** *nn* package, suit (set of clothes)
- **Hij kocht een nieuw pak voor zijn bruiloft.**
  He bought a new suit for his wedding.

301. **politie** *nf* police
- **De Nederlandse politie is op zoek naar hem.**
  The Dutch police are looking for him.

302. **precies** *adj, adv* exact, precise, exactly
- **De trein komt precies om twee uur aan.**
  The train will arrive at exactly two o'clock.

303. **familie** *nf* family
- **Mijn familie woont in België.**
  My family lives in Belgium.

304. **verder** *adv* further, futhermore, in addition
- **Hij rende verder en sneller dan wie dan ook.**
  He ran further and faster than anyone else.

305. **zat** *v* sat (singular past tense of **zitten**)
- **Ze zat rustig in de bus.**
  She sat quietly on the bus.

306. **zat** *adj* full, having had enough, fed up
- **Ik ben het zat!**
  I'm fed up with this!

307. **soms** *adv* sometimes, maybe
- **Ik werk soms op zondag.**
  I sometimes work on Sunday.

308. **werken** *v* to work
- **Ze werkt in een groot kantoor.**
  She works in a large office.

309. **bellen** *v* to phone, call, ring
- **Ik bel je zo terug.**
  I will call you right back.

310. **voelen** *v* to feel
- **Ik voel me een beetje verdrietig.**
  I'm feeling a little sad.

311. **kind** *nn* child, kid
- **Ik hoor een kind huilen.**
  I hear a child crying.

312. **proberen** *v* to try
- **Mag ik deze kaas proberen?**
  Can I try this cheese?

313. **minuut** *nm, nf* minute
- **Een uur heeft zestig minuten.**
  An hour has sixty minutes.

314. **zetten** *v* to set, put, make ready, prepare
- **Kun je koffie zetten?**
  Can you prepare coffee?

315. **vijf** *num* five
- **Mijn familie heeft vijf kinderen.**
  My family has five children.

316. **gehad** *v* had (past paticiple of **hebben**)
- **Zij heeft nooit een auto gehad.**
  She's never had a car.

317. **gemaakt** *v* made (past participle of **maken**)
- **Heb je nog avond eten gemaakt?**
  Have you made dinner yet?

318. **hè** *int* huh, isn't it
- **De film is grappig, hè?**
  The movie is funny, isn't it?

319. **hopen** *v* to hope
- **Ik hoop dat het goed met je gaat.**
  I hope that you are doing well.

320. **manier** *nf* way, manner
- **We moeten dit op een andere manier doen.**
  We need to do this another way.

321. **zoeken** *v* to search, look for
- **Ik zal het boek zoeken in de bibliotheek.**
  I will look for the book at the library.

322. **heet** *adj* hot
- **Dit land heeft een heet en droog klimaat.**
  This country has a hot and dry climate.

323. **volgend** *adj* following, next, subsequent
- **Volgende week ga ik op vakantie.**
  Next week I go on vacation.

324. **daarom** *adv* therefore, so, that's why
- **Wij hebben niks gegeten en daarom hebben we honger.**
  We haven't eaten anything and therefore we are hungry.

325. **pas** *adv* just, hardly, only
- **Mijn dochter is pas drie jaar oud.**
  My daughter is only three years old.

326. **vanavond** *adv* tonight, this evening
- **Ik zie je op het feest vanavond.**
  I will see you at the party this evening.

327. **volgens** *prep* according to, in (someone's) opinion
- **Volgens mij is dit gek.**
  In my opinion this is crazy.

328. **best** *adj* best
- **Ze is mijn beste vriend.**
  She is my best friend.

329. **pijn** *nf* pain
- **Ik ben bang dat dit pijn en leed zal veroorzaken.**
  I'm afraid this will cause pain and suffering.

330. **kans** *nf* chance, opportunity
- **Ik heb een goede kans om te winnen.**
  I have a good chance to win.

331. **eruit** *adv* out of it, from it (**uit** + **het**)
- **Gaan ze eruit komen?**
  Are they going to come out of it?

332. **plaats** *nf* place, position, town, city
- **Het is een zeer interessante plaats.**
  It is a very interesting place.

333. **hoeveel** *det* how much, how many
- **Hoeveel kost het?**
  How much does it cost?

334. **vroeg** *adj* early
- **Ik ben elke ochtend vroeg wakker.**
  I wake up early every morning.

335. **stad** *nf* city, town
- **Londen is een grote stad.**
  London is a large city.

336. **oog** *nn* eye
- **Ik heb iets in mijn oog.**
  I have something in my eye.

337. **jezelf** *pro* yourself
- **Je moet in jezelf geloven.**
  You need to believe in yourself.

338. **geloven** *v* to believe
- **Geloof je in spoken?**
  Do you believe in ghosts?

339. **moment** *nn* moment (brief period of time)
- **Dit is een kritiek moment voor het land.**
  This is a critical moment for the country.

340. **kamer** *nf* room
- **Ik wil mijn kamer niet schoonmaken.**
  I don't want to clean my room.

341. **schieten** *v* to shoot
- **Ze schieten herten en eten het vlees.**
  They shoot deer and eat the meat.

342. **vier** *num* four
- **Het is vier uur.**
  It is four o'clock.

343. **agent** *nm* police officer, agent
- **De agent arresteerde de dief.**
  The police officer arrested the thief.

344. **slecht** *adj* bad
- **Het weer is vandaag slecht.**
  The weather is bad today.

345. **verteld** *v* told (past participle of **vertellen**)
- **Ik heb het hem verteld.**
  I already told him.

346. **brengen** *v* to bring, carry, deliver
- **Er is geen noodzaak om iets te brengen.**
  There is no need to bring anything.

347. **blij** *adj* happy, glad
- **Ik was blij toen mijn examens voorbij waren.**
  I was glad when my exams were over.

348. **hulp** *nm*, *nf* help
- **Uiteindelijk kregen ze hulp.**
  Finally they got help.

349. **welke** *det* which (before masculine or feminine nouns)
- **Welke film kijk je?**
  Which movie are you watching?

350. **broer** *nm* brother
- **Mijn broer is jonger dan ik.**
  My brother is younger than me.

351. **school** *nf* school
- **Mijn dochter gaat naar school dit jaar.**
  My daughter goes to school this year.

352. **tussen** *prep* between
- **Alleen tussen jou en mij.**
  Just between you and me.

353. **deur** *nf* door
- **Sluit de deur, alstublieft.**
  Close the door, please.

354. **spreken** *v* to speak
- **Kunt u Frans spreken?**
  Can you speak French?

355. **plan** *nn* plan
- **Dus wat is het plan voor vandaag?**
  So what is the plan for today?

356. **ergens** *adv* somewhere, anywhere, something
- **Heb jij ze wel ergens gezien?**
  Have you seen them anywhere?

357. **kloppen** *v* to beat, hit, knock
- **Wie klopt daar aan de deur?**
  Who is knocking at the door?

358. **dokter** *nm* doctor (medical)
- **De dokter stopte het bloeden.**
  The doctor stopped the bleeding.

359. **juist** *adj* right, correct, just
- **Zij gaf de juiste antwoorden op alle vragen.**
  She gave the correct answers to all questions.

360. **vond** *v* found (singular past tense of **vinden**)
- **Ik vond het niet.**
  I didn't find it.

361. **praatje** *nn* chat, talk
- **Ik ga om een praatje te maken met haar.**
  I'm going to have a chat with her.

362. **prima** *adj* excellent, fine
- **Het eten in het restaurant was prima.**
  The food in the restaurant was excellent.

363. **betekenen** *v* to mean, signify
- **Dit zou een wijziging in het beleid betekenen.**
  That would mean a change in policy.

364. **soort** *nn* sort, kind
- **Dit soort procedure kunnen zeer effectief zijn.**
  This kind of procedure can be very effective.

365. **zaak** *nf* case, business, matter
- **Dit is een zeer ernstige zaak.**
  This is a very serious matter.

366. **spelen** *v* to play
- **De kinderen spelen mooi samen.**
  The children are playing nicely together.

367. **lekker** *adj* delicious
- **Mijn oma's eten is lekker.**
  My grandmother's food is delicious.

368. **doden** *v* to kill
- **Het virus doodt de patiënt.**
  The virus kills the patient.

369. **gebruiken** *v* to use
- **Ik moet de computer gebruiken.**
  I need to use the computer.

370. **boven** *adv* above, upstairs
- **Het vliegtuig vliegt boven de oceaan.**
  The plane is flying over the ocean.

371. **water** *nn* water
- **Wil je een glas water?**
  Do you want a glass of water?

372. **land** *nn* land, country
- **Ze komen uit een ander land.**
  They come from a different country.

373. **later** *adj* later
- **Ok, ik zal later terugbellen.**
  Okay, I will call back later.

374. **pakken** *v* to grab, take, pack, wrap up
- **Ik zal mijn jas pakken voordat ik naar buiten ga.**
  I will grab my coat before going out.

375. **week** *nf* week
- **Er zijn zeven dagen in een week.**
  There is seven days in a week.

376. **schat** *nm* treasure, honey, darling
- **We zoeken naar verborgen schat.**
  We are looking for hidden trasure.

377. **voordat** *conj* before
- **We drinken graag een beker melk voordat we naar bed gaan.**
  We like to drink a glass of milk before going to bed.

378. **zoveel** *det* so much
- **We leren zoveel van je.**
  We are learning so much from you.

379. **vrij** *adj* free
- **Een vrije pers is uiterst belangrijk.**
  A free press is extremely important.

380. **stoppen** *v* to stop
- **Kun je stoppen met klagen, alsjeblieft.**
  Can you stop complaining, please?

381. **klootzak** *nm* (vulgar) bastard, jerk
- **Mannen zijn klootzakken.**
  Men are jerks.

382. **beginnen** *v* to begin
- **Rustig. De film begint.**
  Quiet. The movie is starting.

383. **alstublieft** *adv* please, here you are (formal)
- **Meld u deze formulieren, alstublieft.**
  Sign these forms please.

384. **zodat** *conj* so that
- **Lees deze zorgvuldig, zodat u kunt begrijpen.**
  Read this carefully, so that you can understand.

385. **zorg** *nf* care, concern, worry
- **Mijn grootste zorg zijn mijn kinderen.**
  My greatest concern is my children.

386. **wees** *v* be (imperative of **zijn**)
- **Wees stil. De film begint.**
  Be quiet. The movie is starting.

387. **vermoorden** *v* to murder
- **Hij bekende dat hij hem wilde vermoorden.**
  He confessed he wanted to murder him.

388. **missen** *v* to miss, go without
- **Ik heb mijn vrouw moeten missen toen ik moest reizen.**
  I missed my wife when I had to travel.

389. **vooruit** *adj* ahead, onwards
- **Maar we moeten ook vooruit gaan.**
  But we must also move forward.

390. **dochter** *nf* daughter
- **Ik heb twee kleine dochters.**
  I have two small daughters.

391. **tien** *num* ten
- **Ik heb tien vingers.**
  I have ten fingers.

392. **hoeven** *v* to be necessary, need to, have to
- **Dat hoeft niet.**
  That's not necessary.

393. **lopen** *v* to run
- **Onze hond loopt zeer snel.**
  Our dog runs very fast.

394. **papa** *nm* dad, daddy
- **Papa, mag ik een ijsje?**
  Daddy, can I have an ice cream?

395. **hart** *nn* heart
- **Ze heeft een groot hart.**
  She has a big heart.

396. **snappen** *v* to get, understand, catch in the act
- **Wij snappen dat hij gelijk heeft.**
  We understand that he is right.

397. **voorbij** *adv* past, finished, over
- **Ze was verdrietig toen het feest voorbij was.**
  She was sad when the party was over.

398. **los** *adj* loose
- **Mijn broek is nu te los.**
  My pants are now too loose.

399. **vergeten** *v* to forget
- **Ik wil niet vergeten om het te doen.**
  I don't want to forget to do it.

400. **bloed** *nn* blood
- **Ik kreeg bloed op mijn shirt.**
  I got blood on my shirt.

401. **druk** *adj* busy, crowded
- **De trein is erg druk tijdens de spits.**
  The train is very busy during rush hour.

402. **verhaal** *nn* story
- **Dit verhaal heeft geen zin.**
  This story makes no sense.

403. **moeilijk** *adj* hard, difficult
- **Het is moeilijk om goed Nederlands te spreken.**
  It is difficult to speak good Dutch.

404. **hoi** *int* hey, hi
- **Hoi, hoe gaat het?**
  Hey, how's it going?

405. **zes** *num* six
- **Mijn zus heeft zes katten.**
  My sister has six cats.

406. **eerder** *adj* earlier, former, previous
- **Ik moest een eerdere fout te corrigeren.**
  I had to correct an earlier mistake.

407. **neer** *adv* down, downwards
- **Het komt neer op keuzes maken.**
  It comes down to making choices.

408. **ervan** *adv* from that, from it, of it, of them (**van** + **het**)
- **De meeste ervan zijn te duur.**
  Most of them are too expensive.

409. **bed** *nn* bed
- **Ik wil een nieuw bed te kopen.**
  I want to buy a new bed.

410. **nacht** *nm* night
- **Het is een donkere nacht.**
  It is a dark night.

411. **bezig** *adj* busy
- **Ik ben bezig een boek te lezen.**
  I am busy reading a book.

412. **wakker** *adj* awake
- **Het is laat, maar ik ben nog wakker.**
  It is late but I am still awake.

413. **redden** *v* to save, rescue
- **We kunnen niet de hele wereld redden.**
  We cannot save the whole world.

414. **klein** *adj* small, little
- **Hun kitten is heel klein.**
  Their kitten is very small.

415. **gekomen** *v* come (past participle of **komen**)
- **Ik ben net van Eindhoven vandaan gekomen.**
  I've just come from Eindhoven.

416. **sinds** *prep* since
- **Ze is veel veranderd sinds de laatste keer dat ik haar zag.**
  She has changed a lot since I saw her.

417. **kop** *nm* cup
- **Een kop koffie is een geweldig idee!**
  A cup of coffee is a great idea!

418. **begrepen** *v* understood (plural past tense of **begrijpen**)
- **Is dat begrepen?**
  Is that understood?

419. **plek** *nf* spot, place
- **Dit is de plek waar we elkaar ontmoetten.**
  This is the place where we met.

420. **veilig** *adj* safe
- **Ik heb altijd mijn geld op een veilige plaats.**
  I always keep my money in a safe place.

421. **stel** *nn* couple, pair, group, set
- **Ze zijn een getrouwd stel.**
  They are a married couple.

422. **vol** *adj* full
- **De schaal is vol.**
  The bowl is full.

423. **nummer** *nn* number
- **Geef mij alstublieft uw nummer.**
  Please give me your number.

424. **waarheid** *nf* truth
- **Hij vertelt me niet de waarheid.**
  He is not telling me the truth.

425. **zoiets** *pro* something like that, such a thing
- **Zoiets mag je niet zeggen!**
  You can't say such a thing!

426. **mevrouw** *nf* Mrs., madam, miss
- **Mevrouw Bakker woont in dat huis.**
  Mrs. Bakker lives in that house.

427. **leren** *v* to learn, teach
- **Ik denk dat ik een vak wil leren.**
  I think I should learn a trade.

428. **hetzelfde** *det* the same (used to modify neuter nouns)
- **Dat is mij allemaal hetzelfde.**
  That's all the same to me.

429. **gaf** *v* gave (singular past tense of **geven**)
- **Ze gaf me een geweldig cadeau.**
  She gave me a great present.

430. **baby** *nm* baby
- **Er is een nieuwe baby in de familie.**
  There is a new baby in the family.

431. **baas** *nm* boss
- **We bespraken het probleem met onze baas.**
  We discussed the problem with our boss.

432. **gelukkig** *adj* happy, pleased, lucky
- **Zij zei dat ze gelukkig was.**
  She said that she was happy.

433. **meteen** *adv* immediately, at once, right away
- **Ik zal het meteen doen.**
  I'll do it right away.

434. **beneden** *prep* under, below, beneath, downstairs
- **Ik ga naar beneden.**
  I'm going downstairs.

435. **waarschijnlijk** *adv* probably
- **Ze wil waarschijnlijk niet het antwoord weten.**
  They will probably not know the answer.

436. **sterven** *v* to die
- **Zonder behandeling zal hij sterven.**
  Without treatment he will die.

437. **gezicht** *nn* face
- **Hij heeft een litteken op zijn gezicht.**
  He has a scar on his face.

438. **mogelijk** *adj* possible
- **Alles is mogelijk.**
  Anything is possible.

439. **mama** *nf* mommy, mama, mom
- **Mama, ik hou van jou.**
  Mommy, I love you.

440. **dicht** *adj* close, closed, dense
- **De stukken zijn te dicht bij elkaar.**
  The pieces are too close together.

441. **liggen** *v* to lie, lie down, to be located (place)
- **Hij ligt in bed.**
  He is lying in bed.

442. **nieuws** *nn* news
- **Lees je het nieuws elke dag?**
  Do you read the news every day?

443. **ander** *adj* other, different, another
- **We moeten het proberen bij een ander restaurant.**
  We should try another restaurant.

444. **eraan** *adv* on it, to it, to that (**aan** + **het**)
- **Ik ben bang dat onze wereld eraan gaat.**
  I am afraid that our world is coming to this.

445. **liefde** *nn* love
- **Zij is de liefde van mijn leven.**
  She is the love of my life.

446. **slapen** *v* to sleep
- **Ik ben moe, maar ik kan niet slapen.**
  I'm tired, but I can't sleep.

447. **ver** *adj* far
- **Het is te ver om te lopen.**
  It is too far to walk.

448. **reden** *nf* reason, ground
- **Er is geen reden om het te riskeren.**
  There is no reason to risk it.

449. **reden** *v* rode, drove (plural past tense of **rijden**)
- **Ze reden op paarden in de parade.**
  They rode on horses in the parade.

450. **fout** *nf* error, mistake
- **Het is uiteraard een fout.**
  It is obviously a mistake.

451. **vallen** *v* to fall
- **Vanuit het vliegtuig was het een lange weg te vallen.**
  From the plane it was a long way to fall.

452. **maand** *nf* month
- **Er zijn twaalf maanden in een jaar.**
  There are twelve months in a year.

453. **mogen** *v* to be allowed, can, may
- **Ze hadden mogen gaan.**
  They had been allowed to go.

454. **per** *prep* for each, for every, per
- **Werk niet meer dan 25 uur per week.**
  Do not work more than 25 hours per week.

455. **oud** *adj* old
- **Hij heeft boeken die heel oud zijn.**
  He has books that are very old.

456. **vent** *nm* chap, fellow, guy
- **Hij is een slimme vent met ambitie.**
  He is a smart guy with ambition.

457. **klinken** *v* to sound
- **Het klinkt ongeloofwaardig maar toch is het zo.**
  It sounds unbelievable but it is true.

458. **terwijl** *conj* while, whereas
- **Terwijl hij dat zei, glimlachte hij.**
  While he said that, he smiled.

459. **vriendin** *nf* female friend, girlfriend
- **Ik ontmoette zijn nieuwe vriendin.**
  I met his new girlfriend.

460. **welkom** *int* welcome
- **Welkom in Amsterdam!**
  Welcome to Amsterdam!

461. **rond** *adj, adv* round, around, about
- **De bakkerij opent rond 07:00 in de ochtend.**
  The bakery opens around 7:00 in the morning.

462. **president** *nm* president
- **Donald Trump werd verkozen tot president.**
  Donald Trump was elected president.

463. **oorlog** *nm* war
- **Er is een vreselijke oorlog in Syrië.**
  There is a terrible war in Syria.

464. **duidelijk** *adj* clear, precise, obvious
- **Ik denk dat het probleem duidelijk is.**
  I think the problem is clear.

465. **rest** *nf* rest (remaining)
- **Hij bracht de rest van de nacht thuis door.**
  He spent the rest of the night at home.

466. **schuld** *nf* fault, blame, debt
- **Dit is niet mijn schuld.**
  This is not my fault.

467. **avond** *nm* evening, night
- **Ik ben moe in de avond.**
  I am tired in the evening.

468. **eerlijk** *adj* honest, fair
- **Politici zijn niet altijd eerlijk.**
  Politicians are not always honest.

469. **fijn** *adj* nice, pleasant, fine
- **Deze likeur is zeer fijn en delicaat van smaak.**
  This liqueur is very fine with a delicate flavor.

470. **mond** *nm* mouth
- **Hij heeft een grote mond.**
  He has a big mouth.

471. **buurt** *nf* neighborhood, part of town
- **We leven in een historische buurt.**
  We live in a historic neighborhood.

472. **drinken** *v* to drink
- **Ik heb dorst. Ik wil sap drinken.**
  I am thirsty. I want to drink juice.

473. **telefoon** *nm* telephone
- **Je hebt een oproep op de telefoon.**
  You have a call on the telephone.

474. **wapen** *nn* weapon
- **De politie is toegestaan om wapens te dragen.**
  The police are allowed to carry weapons.

475. **liet** *v* let (singular past tense of **laten**)
- **Zijn bed en vier stoelen liet hij achter.**
  He left behind his bed and four chairs.

476. **belangrijk** *adj* important
- **Onderwijs is belangrijk.**
  Education is important.

477. **kreeg** *v* got, received (singular past tense of **krijgen**)
- **Ik kreeg meteen antwoord op mijn vragen.**
  I immediately received answers to my questions.

478. **ouder** *nm* parent
- **Hij woont nog bij zijn ouders.**
  He still lives with his parents.

479. **stuk** *nn* piece, part
- **De boer kocht een groot stuk grond.**
  The farmer purchased a large piece of land.

480. **rust** *nf, nm* rest, peace, calm
- **Het platteland is een plaats van vrede en rust.**
  The countryside is a place of peace and quiet.

481. **vandaan** *adv* from, away
- **Ik weet niet waar ze vandaan komt.**
  I don't know where she comes from.

482. **jezus** *nm* Jesus
- **Gelooft u in Jezus?**
  Do you believe in Jesus?

483. **deel** *nn* part, piece
- **Jij bent het beste deel van mijn dag**
  You are the best part of my day.

484. **baan** *nf* job, occupation, road, path
- **Ik heb een nieuwe baan.**
  I have a new job.

485. **kapitein** *nm* captain
- **Ik wil het horen van de kapitein zelf.**
  I want to hear it from the captain himself.

486. **erop** *adv* on that, on them (**op** + **het**)
- **Ik klikte erop, maar er gebeurde niets.**
  I clicked on it, but nothing happened.

487. **geluk** *nn* luck
- **Met een beetje geluk zal ik de baan krijgen.**
  With a little luck I will get the job.

488. **dezelfde** *det* the same
- **Dat is dezelfde foto die ik verloren ben.**
  That is the same photo that I lost.

489. **overal** *adv* everywhere
- **Ik heb overal gezocht, maar ik kon ze niet vinden.**
  I looked everywhere, but I could not find them.

490. **schip** *nn* ship
- **We reisden per schip.**
  We traveled by ship.

491. **heer** *nm* gentleman
- **We willen graag de heer Van Houten bedanken.**
  We would like to thank Mr. Van Houten.

492. **gegeven** *v* given (past participle of **geven**)
- **Ze hebben me een tweede kans gegeven.**
  They have given me a second chance.

493. **gegeven** *nn* fact, datum
- **Ik heb meer gegevens nodig voordat ik een beslissing kan nemen.**
  I need more facts before I can make a decision.

494. **zeer** *adj* very
- **Het was een zeer lange film.**
  It was a very long movie.

495. **langs** *prep* along, through
- **Bloemen werden geplant langs het pad.**
  Flowers were planted along the path.

496. **mam** *nf* mother, mom
- **Ik ga op vakantie met mijn pap en mam.**
  I am going on vacation with my dad and mom.

497. **recht** *adj* right (direction), straight (line), right (priviledge)
- **Je hebt het recht niet om dat te doen!**
  You don't have the right to do that!

498. **lichaam** *nn* body
- **Het lichaam verbruikt koolhydraten voor de energie.**
  The body uses carbohydrates for energy.

499. **aardig** *adj* friendly, nice
- **De aardige man hielp me.**
  The nice man helped me.

500. **vertrouwen** *nn* trust, faith, confidence
- **Ze hebben vertrouwen in hun werknemers.**
  They have confidence in their employees.

501. **vertrouwen** *v* to trust
- **Niet iedereen vertrouwt de overheid.**
  Not everyone trusts the government.

502. **ermee** *adv* with it (**met** + **het**)
- **Wat doen we ermee ?**
  What do we do with it?

503. **vanaf** *prep* starting from, as of
- **En vanaf vandaag kun je er van alles over lezen.**
  And as of today you can read all about it.

504. **vaak** *adv* often
- **Hoe vaak ga je naar de kerk?**
  How often do you go to church?

505. **boek** *nn* book
- **Hij schreef een boek voordat hij stierf.**
  He wrote a book before he died.

506. **mezelf** *pro* myself
- **Ik zal je een beetje over mezelf vertellen.**
  I will tell you a little about myself.

507. **stil** *adj* still, quiet, silent
- **De leraar vroeg de kinderen om stil te zijn.**
  The teacher asked the children to be quiet.

508. **kerel** *nm* lad, fellow, bloke
- **Hij is zo'n aardige kerel.**
  He is such a nice guy.

509. **betalen** *v* to pay
- **Hij betaalt voor mij vandaag.**
  He is paying for me today.

510. **geval** *nn* situation, instance, thing
- **Het is belangrijk om in ieder geval.**
  It is important in any case.

511. **miljoen** *nn* million
- **Dit heeft een waarde van miljoenen euro's.**
  This is worth millions of euros.

512. **tweede** *adj* second, number two
- **Ze is zwanger van haar tweede kind.**
  She is pregnant with her second child.

513. **haten** *v* to hate
- **Ze haat slangen.**
  She hates snakes.

514. **hard** *adj* hard, strong, difficult, harsh
- **Zij gaf de schommel een harde duw.**
  She gave the swing a hard push.

515. **inderdaad** *adv* indeed
- **Dat was inderdaad een sensatie.**
  That was indeed a sensation.

516. **woord** *nn* word
- **Hoeveel Nederlandse woorden ken je?**
  How many Dutch words do you know?

517. **stond** *v* stood (singular past tense of **staan**)
- **Het hert stond stil voor een lange tijd.**
  The deer stood still for a long time.

518. **hond** *nm* dog
- **Mijn buurman heeft een zeer krachtig hond.**
  My neighbor has a very loud dog.

519. **straks** *adv* shortly, in a moment
- **Ik zal je straks uitleggen waarom.**
  I will shortly explain why.

520. **film** *nm* film, movie
- **Dat was een lange film.**
  That was a long film.

521. **antwoord** *nn* answer, reply
- **Ze gaf me eindelijk het antwoord.**
  She finally gave me the answer.

522. **veranderen** *v* to change
- **Ik ben het eens dat dingen moeten veranderen.**
  I agree that things need to change.

523. **licht** *nn* light
- **Het licht uitdoen, alsjeblieft.**
  Turn off the light please.

524. **pa** *nm* pa, dad, daddy
- **Ik kijk uit naar het zien van mijn pa.**
  I'm looking forward to seeing my dad.

525. **tijdens** *prep* during
- **Hij was zenuwachtig tijdens het interview.**
  He was nervous during the interview.

526. **lieverd** *nm* dear, darling, honey, sweetie
- **Goedemorgen lieverd.**
  Good morning dear.

527. **liever** *adv* rather, preferably
- **Ik heb liever een appel dan een sinaasappel.**
  I would rather have an apple than an orange.

528. **kwaad** *adj* angry, furious
- **Mijn vader is erg kwaad op me.**
  My father is very angry with me.

529. **ontmoeten** *v* to meet
- **Het is een eer om u te ontmoeten.**
  It is an honor to meet you.

530. **nergens** *adv* nowhere
- **Ik hoef nergens anders heen.**
  I have nowhere else to go.

531. **gebruikt** *v* used (past participle of **gebruiken**)
- **We hebben een paar keer een vertaler gebruikt.**
  We used a translator a couple times.

532. **schatje** *nn* darling, honey (diminutive of **schat**)
- **Ik kan dat voor je doen schatje.**
  I can do that for you darling.

533. **verloren** *v* lost (plural past tense of **vorliezen**)
- **Ze verloren al hun geld.**
  They lost all of their money.

534. **koning** *nm* king
- **Willem-Alexander is de koning van Nederland.**
  Willem-Alexander is the king of the Netherlands.

535. **vechten** *v* to fight
- **Ze vecht vaak met haar broer.**
  She fights often with her brother.

536. **voorzichtig** *adj, adv* careful, carefully
- **Het is belanrgijk om voorzichtig te rijden.**
  It is important to drive carefully.

537. **geworden** *v* been, become (past pasticiple of **worden**)
- **Ik ben vader geworden voor de eerste keer.**
  I became a father for the first time.

538. **enkel** *adj* some, a few, only, just
- **Dansen is voor mij enkel een hobby.**
  Dancing is for me just a hobby.

539. **enkel** *nm* ankle
- **Ik viel en brak mijn enkel.**
  I fell and broke my ankle.

540. **kwijt** *adj* lost, missing
- **Ik ben mijn handschoenen kwijt.**
  I lost my gloves.

541. **noemen** *v* to call, name, mention
- **Ze noemen het sms'en.**
  They call it "texting".

542. **prachtig** *adj* beautiful, splendid, marvelous
- **Ik heb een prachtig uitzicht vanuit mijn raam.**
  I have a beautiful view out my window.

543. **rijden** *v* to ride, drive
- **Hij rijdt in de buurt.**
  He drives around the neighborhood.

544. **zin** *nm* sentence, meaning, point
- **Wat denk je dat de zin van het leven is?**
  What do you think the meaning of life is?

545. **hield** *v* kept, held (singular past tense of **houden**)
- **Zij hield haar adem in en sloot haar ogen.**
  She held her breathe and closed her eyes.

546. **daarna** *adv* after that, thereafter (**na** + **dat**)
- **Ik nam een douche en ging daarna naar bed.**
  I showered and then went to bed.

547. **mens** *nm* human, person
- **De mens is over de hele wereld verspreid.**
  Humans are spread throughout the world.

548. **grappig** *adj* funny
- **De interviewer vroeg me een grappige vraag.**
  The interview asked me a funny question.

549. **stap** *nm* step
- **Het is belangrijk om stap voor stap verder te gaan.**
  It is important to proceed step by step.

550. **zichzelf** *pro* itself, himself, herself, themselves
- **Ze vindt het heerlijk om zichzelf te bekijken in de spiegel.**
  She loves to look at herself in the mirror.

551. **kantoor** *nn* office
- **Ons bedrijf verhuisde het kantoor naar een andere stad.**
  Our company moved the office to another city.

552. **normaal** *adj* normal, usual
- **Het vliegtuig vliegt op normale hoogte.**
  The plane is flying at the usual altitude.

553. **moord** *nm* murder
- **Gisteravond vond er een moord plaats in de stad.**
  There was a murder in the city last night.

554. **ervoor** *adv* for it, before it (**voor** + **het**)
- **Het jaar ervoor won hij de race.**
  The year before he won the race.

555. **ten** *contr* to the, at the (contraction of **te** + **den**)
- **De rivier stroomt ten noorden van de stad.**
  The river flows to the north of the city.

556. **einde** *nn* end, a short length of something
- **Het einde van de roman was teleurstellend.**
  The end of the novel was disappointing.

557. **gegaan** *v* gone (past participle of **gaan**)
- **Is ze naar bed gegaan?**
  Has she gone to bed?

558. **gang** *nm* alley, hallway, course
- **Laat alstublieft uw schoenen in de gang.**
  Please leave your shoes in the hallway.

559. **vertelde** *v* told (singular past tense of **vertellen**)
- **Mijn leraar vertelde me dat ik in die klas zou mislukken.**
  My teacher told me I would fail the class.

560. **spel** *nn* game
- **Het spel lijkt erg ingewikkeld.**
  The game seems very complicated.

561. **informatie** *nf* information
- **We geven u graag verder informatie.**
  We will be pleased to give you further information.

562. **dame** *nf* lady
- **Een bejaarde dame woont alleen in dat huis.**
  An elderly lady lives alone in that house.

563. **naartoe** *adv* to, towards
- **Waar gaat u naartoe?**
  Where are you going (to)?

564. **allebei** *det* both
- **Mijn broers gaan allebei naar de markt.**
  My brothers are both going to the market.

565. **leggen** *v* to lay, put
- **Zij leggen hun kleren in de kast.**
  They put their clothes in the closet.

566. **acht** *num* eight
- **Een octopus heeft acht poten.**
  An octopus has eight legs.

567. **minder** *det* less, fewer
- **Als ik minder eet, zal ik gewicht verliezen.**
  If I eat less I will lose weight.

568. **gevoel** *nn* feeling
- **Ik heb een onzeker gevoel.**
  I have this insecure feeling.

569. **trouwen** *v* to marry
- **Ik vroeg mijn vriendin om met mij te trouwen.**
  I asked my girlfriend to marry me.

570. **nogal** *adv* rather, quite
- **Ik was nogal verrast door haar vraag.**
  I was rather surprised by her question.

571. **plezier** *nn* fun, leisure, pleasure
- **We hadden veel plezier op het feest.**
  We had a lot of fun at the party.

572. **stuur** *nn* steering wheel (**het stuur** - control)
- **Hij viel in slaap achter het stuur.**
  He fell asleep behind the wheel.

573. **foto** *nf* photo, photograph
- **Wilt u foto's van mijn kinderen zien?**
  Do you want to see photos of my children?

574. **vreemd** *adj* strange, weird, odd
- **Onze auto maakt een vreemd geluid.**
  Our car is making a strange noise.

575. **zomaar** *adv* simply, just, for no reason
- **Dit gaat niet zomaar om een hoger salaris.**
  This is not simply about a higher salary.

576. **verkeerd** *adj* wrong
- **Ze gaf het verkeerde antwoord.**
  She gave the wrong answer.

577. **zeven** *num* seven
- **Zeven is mijn geluksgetal.**
  Seven is my lucky number.

578. **lucht** *nf* sky, air
- **De lucht is bewolkt.**
  The sky is overcast.

579. **grond** *nm* ground
- **De grond was vanochtend bedekt met sneeuw.**
  The ground was covered in snow this morning.

580. **nam** *v* took (singular past tense of **nemen**)
- **Mijn vader nam een taxi naar het vliegveld.**
  My father took a taxi to the airport.

581. **verwachten** *v* to expect
- **Ik verwacht snel een antwoord.**
  I am expecting an answer soon.

582. **kopen** *v* to buy
- **Klanten kunnen nu alles online kopen.**
  Customers can now buy everything online.

583. **koffie** *nf, nm* coffee
- **Elke ochtend drink ik drie koppen koffie.**
  I drink three cups of coffee every morning.

584. **onderzoek** *nn* research, experiment, study, test
- **Nieuw onderzoek toont aan dat koffie goed is voor je gezondheid.**
  New research shows that coffee is good for your health.

585. **gesproken** *v* spoken (past participle of **spreken**)
- **Heb je nog met hem gesproken?**
  Have you spoken to him yet?

586. **herinneren** *v* to remember
- **Ik kan haar naam niet meer herinneren.**
  I cannot remember her name.

587. **idioot** *nm* idiot
- **Het spijt me dat ik me als een idioot heb gedragen.**
  I'm sorry I've behaved like an idiot.

588. **ziekenhuis** *nn* hospital
- **Hij moet worden overgebracht naar het ziekenhuis.**
  He needs to be transferred to the hospital.

589. **daarmee** *adv* thus, hence (**met** + **dat**)
- **En daarmee moet je er ook geen oplossing van verwachten.**
  And therefore you should not expect a solution.

590. **eindelijk** *adv* at last, finally
- **Ik heb eindelijk mijn bril gevonden.**
  I finally found my glasses.

591. **perfect** *adj* perfect
- **Deze cake is perfect.**
  This cake is perfect.

592. **goei** *adj* (informal) good
- **Maar het is wel een goei vraag.**
  But that is a good question.

593. **gisteren** *adv* yesterday
- **Gisteren werd mijn auto gestolen.**
  My car was stolen yesterday.

594. **aarde** *nf* earth, soil, ground
- **Er zijn meer dan zeven miljoen mensen op aarde.**
  There are more than seven million people on Earth.

595. **contact** *nn* contact
- **We staan in contact met hun vertegenwoordigers.**
  We are in contact with their representatives.

596. **zus** *nf* sister (**zuster**)
- **Ik heb een oudere zus, die in Canada woont.**
  I have an older sister who lives in Canada.

597. **erbij** *adv* with it, with that, by it (**bij** + **het**)
- **Hoe kom je erbij?**
  How did you come up with that?

598. **beschermen** *v* to protect
- **De politie wordt verondersteld mensen te beschermen.**
  The police are supposed to protect people.

599. **gevangenis** *nf* jail, prison
- **Hij bracht zes jaar in de gevangenis door.**
  He spent six years in prison.

600. **persoon** *nm* person
- **Hij is de perfecte persoon voor deze job.**
  He is the perfect person for this job.

601. **winnen** *v* to win
- **Ik doe dat wanneer ik de loterij win.**
  I'll do that if I win the lottery.

602. **kracht** *nf* power, force
- **Windmolens gebruiken de kracht van de wind.**
  Windmills use the power of the wind.

603. **ziek** *adj* sick, ill
- **Mijn beide dochters zijn ziek deze ochtend.**
  Both of my daughters are sick this morning.

604. **omhoog** *adv* upwards, on high
- **Om de garage te openen, moet je hem omhoog trekken.**
  To open the garage door you pull it up.

605. **beloven** *v* to promise
- **Ik beloof dat ik op tijd naar huis zal komen.**
  I promise I will be home on time.

606. **gebruik** *nn* use
- **De overheid wil het gebruik van plastic verminderen.**
  The government wants to reduce the use of plastic.

607. **hoezo** *int* how so? how is that? why?
- **Hoezo is dat belachelijk?**
  How is that ridiculous?

608. **degene** *pro* that one who
- **De winnaar is niet degene die de snelste loopt.**
  The winner is not the one who runs the fastest.

609. **trek** *nm* appetite (**trek hebben** - to be hungry)
- **Ik eet een hapje omdat ik trek heb.**
 I'm eating a snack because I'm hungry.

610. **menen** *v* to believe, mean
- **Ik meen dat ze nog in dat appartement woont.**
 I believe that she still lives in that apartment.

611. **getrouwd** *adj* married
- **Ben je getrouwd?**
 Are you married?

612. **gevraagd** *v* asked, requested (past participle of **vragen**)
- **Heb je nog gevraagd naar de vergunning?**
 Have you requested the permits yet?

613. **hierheen** *adv* towards here, hither, here
- **De man zei dat het hierheen was.**
 The man said that is was here.

614. **punt** *nn* point, tip, item
- **De punt van de pen is zeer scherp.**
 The point of the pin is very sharp.

615. **toekomst** *nf* future
- **We weten niet wat er zal gebeuren in de toekomst.**
 We don't know what will happen in the future.

616. **half** *adj* half
- **Ik kom aan over een half uur.**
 I will be there in a half hour.

617. **leger** *nn* army, armed forces
- **Het Amerikaanse leger is zeer krachtig.**
 The American army is very powerful.

618. **waard** *adj* worth
- **Wat is die auto waard?**
 What is that car worth?

619. **opnieuw** *adv* again
- **Ik zou deze film graag opnieuw willen kijken.**
  I would like to watch this movie again.

620. **vuur** *nn* fire
- **In de Griekse mythologie was vuur een geschenk aan de mens.**
  In Greek mythology, fire was a gift to man.

621. **bewijzen** *v* to prove
- **Ik wil bewijzen dat een oude man een marathon kan lopen.**
  I want to prove that an old man can run a marathon.

622. **controle** *nm*, *nf* control, checkup
- **We hebben de situatie niet onder controle.**
  We don't have the situation under control.

623. **stellen** *v* to position, place, put forward, ask (question)
- **Mag ik een vraag stellen?**
  May I ask a question?

624. **tv** *abbr* TV (abbreviation of **televisie**)
- **Ik maak me zorgen dat we te veel tv kijken.**
  I worry that we watch too much TV.

625. **droom** *nm* dream
- **Vannacht had ik een vreemde droom.**
  I had a strange dream last night.

626. **onzin** *nm* nonsense
- **Sommige van deze ideeën zijn in feite onzin.**
  Some of these ideas are in fact nonsense.

627. **serieus** *adj*, *adv* serious, seriously
- **We moeten deze zaak serieus nemen.**
  We need to take this matter seriously.

628. **konden** *v* could (plural past tense of **kunnen**)
- **Ze konden niet verder lopen.**
  They could not run any farther.

629. **nietwaar** *int* isn't it so, right? (tag question)
- **Maar jij spreekt de taal al, nietwaar?**
  But you already speak the language, right?

630. **verlaten** *v* to leave, abandon, desert
- **Zij willen hun land verlaten.**
  They want to leave their country.

631. **pistool** *nn* pistol, hand gun
- **Een pistool is een klein vuurwapen.**
  A pistol is a small firearm.

632. **gekregen** *v* got, gotten (past participle of **krijgen**)
- **We hebben net uitstekend nieuws gekregen.**
  We just received excellent news.

633. **men** *pro* one, they, you (indefinite)
- **Men zegt dat je niet alles kan hebben.**
  They say that you can't have everything.

634. **fantastisch** *adj* fantastic
- **Ze hebben een fantastische verzameling vis.**
  They have a fantastic collection of fish.

635. **trots** *adj* proud
- **Nederlanders zijn trots op hun geschiedenis.**
  Dutch people are proud of their history.

636. **ziens** *v* see (used only in **tot ziens**)
- **Tot ziens, goede nacht.**
  Good bye, good night.

637. **ongeluk** *nn* accident, mishap, incident
- **Ze zijn zonder ongelukken aangekomen.**
  They arrived without incident.

638. **geheim** *nn* secret
- **Kan je een geheim bewaren?**
  Can you keep a secret?

639. **vroeger** *adv* earlier, formerly
- **Ik moet een vroegere bus nemen.**
  I have to take an earlier bus.

640. **eentje** *num* just one (diminutive of **een**)
- **Ik zal er eentje uitleggen aangezien het zo moeilijk is.**
  I will explain just one because it is difficult.

641. **werden** *v* became, were (plural past tense of **worden**)
- **Die programma's werden geïmplementeerd door onze manager.**
  Those programs were implemented by our manager.

642. **begon** *v* began, started (singular past tense of **beginnen**)
- **Zo begon het bij mij.**
  That's how it started with me.

643. **verliezen** *v* to lose
- **We kunnen niet meer marktaandeel verliezen.**
  We cannot lose any more market share.

644. **vliegtuig** *nn* airplane
- **De piloot vliegt met het vliegtuig.**
  The pilot flies the airplane.

645. **letten** *v* to pay attention, mind, watch
- **Hier zijn twee dingen om op te letten.**
  Here are two things to watch out for.

646. **slim** *adj* intelligent, clever, bright
- **Het was een slimme beslissing om de baan te accepteren.**
  It was a smart decision to accept the job.

647. **slaap** *nm* sleep
- **Ik heb veel meer slaap nodig om gelukkig te zijn.**
  I need a lot more sleep to be happy.

648. **lezen** *v* to read
- **Mijn vader leest nog steeds de krant.**
  My father still reads the newspaper.

649. **ongeveer** *adv* about, roughly, approximately
- **Ongeveer om elf uur, viel ik in slaap.**
  I fell asleep at about eleven o'clock.

650. **behalve** *prep* except
- **Iedereen, behalve ik, gaat naar het feest.**
  Everyone is going to the party except me.

651. **meid** *nf* girl
- **Is dat een kerel of een meid?**
  Is that a guy or a girl?

652. **oom** *nm* uncle
- **Soms kan mijn oom zich gênant gedragen.**
  Sometimes my uncle is embarrassing.

653. **gered** *v* saved, rescued (past participle of **redden**)
- **Na drie dagen werden ze uiteindelijk gered.**
  After three days they were finally rescued.

654. **bank** *nm, nf* bank
- **Help me te herinneren om naar de bank te gaan.**
  Remind me to go to the bank.

655. **dienst** *nm* service
- **Wij kunnen bijkomende diensten aanbieden.**
  We can offer additional services.

656. **tenminste** *adv* at least
- **Je hebt het tenminste geprobeerd.**
  At least you tried.

657. **lief** *adj* nice, sweet, beloved
- **Hij lijkt gemeen maar hij is echt lief.**
  He seems so mean, but he is really sweet.

658. **gedood** *v* killed (past participle of **doden**)
- **Hij werd gedood door de politie.**
  He was killed by the police.

659. **boos** *adj* mad, angry, upset
- **Mijn leraar was boos omdat ik te laat was.**
  My teacher was angry because I was late.

660. **spul** *nn* stuff
- **Ik hou niet echt van die modere spullen.**
  I don't really like the modern stuff.

661. **volgen** *v* to follow
- **Stop met mij te volgen.**
  Stop following me.

662. **sturen** *v* to send, steer, guide
- **Stuur me alsjeblieft je emailadres.**
  Please send me your email address.

663. **hemel** *nm* heaven, sky
- **Ik ga naar de kerk en ik geloof in de hemel.**
  I go to church and I believe in heaven.

664. **makkelijk** *adj* easy
- **Onze nieuwe website is makkelijk te gebruiken.**
  Our new website is easy to use.

665. **ter** *contr* for, for the, in the (contraction of **te** + **der**)
- **Hij is de rijkste man ter wereld.**
  He is the richest man in the world.

666. **genomen** *v* taken (past participle of **nemen**)
- **Zij heeft de leiding genomen.**
  She has taken the lead.

667. **seks** *nm* sex
- **Mannen denken te veel aan seks.**
  Men think about sex too much.

668. **grootste** *adj* biggest, largest
- **Rusland is het grootste land ter wereld.**
  Russia is the largest country in the world.

669. **kwamen** *v* came (plural past tense of **komen**)
- **Deze nieuwe maatregelen kwamen hard aan.**
  These new measures came under attack.

670. **weinig** *det* little, few, not much
- **Er is weinig interesse in zijn voorstel.**
  There is little interest in his proposal.

671. **ieder** *det* each, every
- **Ieder van ons kreeg een kus.**
  Each of us got a kiss.

672. **moordenaar** *nm* murderer
- **De politie heeft uiteindelijk de moordenaar gearresteerd.**
  The police have finally arrested the murderer.

673. **gevaar** *nn* danger
- **Deze dieren zijn in gevaar.**
  These animals are in danger.

674. **sommige** *det* some
- **Sommige van de vragen waren moeilijk.**
  Some of the questions were difficult.

675. **via** *prep* via, through, by way of, using, by
- **Ik ontmoette haar via een oude vriend.**
  I met her through an old friend.

676. **vertrekken** *v* to leave, depart
- **De trein vertrekt vanaf perron acht.**
  The train leaves from platform eight.

677. **muziek** *nf* music
- **Ik ben dol op muziek luisteren.**
  I love to listen to music.

678. **gestolen** *v* stolen (past participle of **stelen**)
- **Mijn fiets werd vorige week gestolen.**
  My bicycle was stolen last week.

679. **meest** *det* most
- **De meeste van mijn collega's zijn leuk.**
  Most of my colleagues are fun.

680. **advocaat** *nm* lawyer
- **Het is leuk om een advocaat in de familie te hebben.**
  It is nice to have a lawyer in the family.

681. **afspraak** *nm* arrangement, appointment, agreement
- **Ik moet gaan. Ik heb een afspraak bij de dokter.**
  I have to go. I have a doctor's appointment.

682. **zwart** *adj* black
- **Ze draagt een zwarte jurk.**
  She is wearing a black dress.

683. **seconde** *nf* second (unit of time)
- **Een seconde later opende hij de deur.**
  A second later he opened the door.

684. **sterk** *adj* strong
- **Ze is een heel sterke vrouw.**
  She is a very strong woman.

685. **geest** *nm* spirit, ghost, mind, life force
- **Ik geloof niet in geesten**
  I don't believe in ghosts.

686. **gingen** *v* went (plural past tense of **gaan**)
- **Gisteren gingen we naar de tandarts.**
  We went to the dentist yesterday.

687. **straat** *nf* street
- **In welke straat ben je opgegroeid?**
  What street did you grow up on?

688. **slechts** *adv* only, just
- **Mijn huis ligt slechts op twee minuten lopen van hier.**
  My house is only a two minute walk from here.

689. **slaan** *v* to hit, slap, beat
- **Hij beloofde zijn broer nooit meer slaan.**
  He promised to never hit his brother again.

690. **afgelopen** *adj* last, past, finished
- **De afgelopen drie jaar heb ik geen loonsverhoging gekregen.**
  I haven't gotten a raise in the past three years.

691. **hotel** *nn* hotel
- **We verbleven in een vijf sterren hotel.**
  We stayed in a five star hotel.

692. **bekend** *adj* well-known, famous
- **Ze is een zeer bekende tennister.**
  She is a very famous tennis player.

693. **ene** *pro* one (contrasting with another)
- **Wil je die ene, of die andere?**
  Do you want that one, or that other one?

694. **ruimte** *nf* space, room
- **Dieren moeten voldoende ruimte hebben om comfortabel te leven.**
  Animals need sufficient space to be confortable.

695. **trouwens** *adv* besides, by the way, though
- **Trouwens, ik hou van je nieuwe rok.**
  By the way, I love your new skirt.

696. **feest** *nn* party, celebration
- **Ik kijk uit naar je feest.**
  I am looking forward to your party.

697. **vliegen** *v* to fly
- **Het duurt vier uur om naar daar te vliegen.**
  It takes four hours to fly there.

698. **boot** *nm, nf* boat
- **Ze gingen vissen in de boot.**
  They went out fishing in the boat.

699. **meester** *nm* master
- **Hij is een meester op vlak van kunstwerken schilderen.**
  He is a master in the field of painting.

700. **doel** *nn* aim, purpose, destination, goal
- **Het team werkte samen om het doel te bereiken.**
  The team worked together to reach the goal.

701. **zolang** *adv* as long as
- **Ik zal van je houden zolang ik leef.**
  I will love you as long as I live.

702. **regel** *nm* rule, regulation
- **Ik begrijp de regels van het spel niet.**
  I don't understand the rules of this game.

703. **begonnen** *v* began, started (past participle of **beginnen**)
- **We begonnen te praten en stopten niet.**
  We started talking and didn't stop.

704. **zak** *nm* bag, pouch, pocket
- **Heb je een plastic zak nodig?**
  Do you need a plastic bag?

705. **absoluut** *adj, adv* absolute, absolutely
- **Vijfhonderd is het absolute minimum.**
  Five hundred is the absolute minimum.

706. **stom** *adj* dumb
- **Ik maak me zorgen dat dit stom klinkt.**
  I'm worried this will sound stupid.

707. **bestaan** *v* to exist, be
- **Er bestaan veel verschillende Nederlandse organisaties.**
  Many different Dutch organizations exist.

708. **welk** *det* which (before neuter noun)
- **Welk boek heb je geleend?**
  Which book did you borrow?

709. **gevaarlijk** *adj* dangerous
- **Het is gevaarlijk om 's nachts alleen te lopen.**
  It is dangerous to walk alone at night.

710. **jawel** *adv* yes (emphatic)
- **Jawel, je moet de plant elke dag water geven.**
  Yes, you have to water the plant every day.

711. **mocht** *v* could, was able to (singular past tense of **mogen**)
- **Zij zei dat ik er met niemand over mocht praten.**
  She said that I couldn't talk to anyone.

712. **goedemorgen** *int* good morning
- **Goedemorgen, heb je lekker geslapen?**
  Good morning, did you sleep well?

713. **wilden** *v* wanted (plural past tense of **willen**)
- **We wilden het geheim kennen.**
  We wanted to know the secret.

714. **vreselijk** *adj* terrible
- **We hebben een vreselijke ziekte genezen.**
  We have cured a terrible disease.

715. **zodra** *conj* as soon as
- **Zodra ik hem zie, word ik nerveus.**
  As soon as I see him I get nervous.

716. **geraakt** *v* hit, reached, were (past participle of **geraken**)
- **Meer dan vijftig mensen zijn gewond geraakt.**
  More than fifty people were injured.

717. **nadat** *conj* after, after which
- **Nadat hij het avondeten had gegeten, ging hij naar huis.**
  After he ate dinner, he went home.

718. **voelde** *v* felt (singular past tense of **voelen**)
- **Ik voelde me verdrietig toen ik haar verhaal hoorde.**
  I felt sad when I heard her story.

719. **kleren** *npl* clothes
- **Ik kocht nieuwe kleren voor mijn nieuwe baan.**
  I bought new clothes for my new job.

720. **rug** *nm* back
- **Mijn rug doet zeer.**
  My back is sore.

721. **naast** *prep* beside, next to
- **Ik zat naast haar in de klas.**
  I sat beside her in class.

722. **totdat** *conj* until
- **Ik wachtte totdat de bus kwam.**
  I waited until the bus came.

723. **verliefd** *adj* in love
- **Ze werd verliefd op de broer van haar vriend.**
  She fell in love with her brother's friend.

724. **lukken** *v* to succeed, work, go right
- **Maar op dat moment waren we niet zeker dat het zou lukken.**
  But at that time we weren't sure it would succeed.

725. **wonen** *v* to live (in a certain place), to reside
- **Mijn tante woont in Antwerpen.**
  My aunt lives in Antwerp.

726. **raar** *adj* strange, not normal
- **Ik heb gisteravond een raar geluid gehoord.**
  I heard a strange noise last night.

727. **geprobeerd** *v* tried (past participle of **proberen**)
- **Ik heb gisteren je geprobeerd te bellen.**
  I tried to call you yesterday.

728. **geleerd** *v* learned (past participle of **leren**)
- **Ze heeft elke dag een nieuw woord geleerd.**
  She learned a new word every day.

729. **erover** *adv* over that, about that (**over** + **het**)
- **Wat denk je erover?**
  What do you think about that?

730. **raad** *nm* advice, council
- **De raad is opgeschort.**
  The council has been suspended.

731. **verkopen** *v* to sell
- **Hij verkoopt groenten op de markt.**
  He sells vegetables in the market.

732. **lul** *nm* (vulgar) penis, jerk, asshole
- **Stomme lul!**
  What an asshole!

733. **zover** *adv* so far, as far as
- **Voor zover ik weet, is dat juist.**
  As far as I know, that is correct.

734. **gedacht** *v* thought (past participle of **denken**)
- **Hij moet hebben gedacht dat het genoeg was.**
  He must have thought it was enough.

735. **prijs** *nm* price
- **De prijs van de woningen is zeer snel gestegen.**
  The price of housing has risen very fast.

736. **raken** *v* to hit, touch, was (passive voice)
- **Hij is zo groot dat hij kan het plafond gemakkelijk kan raken.**
  He is so tall he can easily touch the ceiling.

737. **voorstellen** *v* to present, introduce, propose, suggest
- **Ik wil mezelf graag voorstellen.**
  I would like to introduce myself.

738. **vorig** *adj* previous
- **Ik ben vorige week teruggekomen van vakantie.**
  I came back from holiday last week.

739. **schrijven** *v* to write
- **Ze schrijft een brief.**
  She writes a letter.

740. **gebouw** *nn* building, structure
- **De aardbeving vernietigde het gebouw.**
  The earthquake destroyed the building.

741. **trek** *v* to pull
- **Ze trekt haar zus in de wagen.**
  She is pulling her sister in the wagon.

742. **dansen** *v* to dance
- **Ze houdt echt van dansen.**
  She really loves to dance.

743. **gebracht** *v* brought (past participle of **brengen**)
- **Wie heeft deze heerlijke koekjes gebracht?**
  Who brought these delicious cookies?

744. **koud** *adj* cold
- **IJsland is een koud land.**
  Iceland is a cold country.

745. **jammer** *adj* unfortunate, sad, too bad, pity
- **De huidige situatie is jammer.**
  The current situation is unfortunate.

746. **wegwezen** *v* to go away, get out, scram
- **Dit is mijn huis, wegwezen.**
  This is my house, go away.

747. **macht** *nf* power, force
- **De nieuwe president is aan de macht.**
  The new president has come to power.

748. **geboren** *v* born (past participle of **baren**)
- **Ik ben geboren in 1975.**
  I was born in 1975.

749. **dragen** *v* to carry, to wear (clothes)
- **Ik draag een nieuw pak voor het interview.**
  I am wearing a new suit for the interview.

750. **keuze** *nf* choice
- **Het was een zeer moeilijke keuze.**
  It was a very difficult choice.

751. **gefeliciteerd** *int* congratulations
- **Gefeliciteerd met je nieuwe baan.**
  Congratulations on your new job.

752. **situatie** *nf* situation
- **Ik begrijp deze situatie niet.**
  I don't understand this situation.

753. **honger** *nm* hunger
- **Kunnen we binnenkort eten? Ik heb honger.**
  Can we eat soon? I am hungry.

754. **betaald** *v* paid (past participle of **betalen**)
- **Je hebt teveel voor die computer betaald.**
  You paid too much for that computer.

755. **liefje** *nn* darling, boyfriend, girlfriend
- **Ik hou van jou, liefje.**
  I love you darling.

756. **duren** *v* to last, take (a certain time)
- **De presentatie moet een half uur duren.**
  The presentation should last half an hour.

757. **schelen** *v* to ail, to suffer (**kan me schelen** - I care)
- **Het kan me niet schelen wat hij doet.**
  I don't care what he does.

758. **kaart** *nf* card, map, menu
- **Waar staan we op deze kaart?**
  Where are we on this map?

759. **rij** *nf* row, line, queue
- **Ik wil niet op de voorste rij zitten.**
  I don't want to sit in the front row.

760. **werkte** *v* worked (singular past tense of **werken**)
- **Zijn vader werkte voor Heineken.**
  His father worked for Heineken.

761. **gedachte** *nf* thought, idea
- **Ik had een interessante gedachte.**
  I had an interesting thought.

762. **derde** *adj* third
- **Zij ontving het derde hoogste punt.**
  She received the third highest mark.

763. **rennen** *v* to run
- **Ze kan veel sneller dan ik rennen.**
  She can run much faster than me.

764. **namen** *v* took (plural past tense of **nemen**)
- **Ze namen alles uit de keuken.**
  They took everything from the kitchen.

765. **teken** *nn* sign, signal
- **Hij vertoont tekenen van herstel.**
  He is showing signs of recovery.

766. **stem** *nf* voice
- **Ze heeft een mooie stem.**
  She has a beautiful voice.

767. **bedrijf** *nn* company
- **Ze kreeg een nieuwe baan in een groot Nederlands bedrijf.**
  She got a new job in a large Dutch company.

768. **moe** *adj* tired
- **De kinderen zijn moe na school.**
  The kids are tired after school.

769. **tenzij** *conj* unless
- **Je weet het niet, tenzij je het probeert.**
  You don't know unless you try it.

770. **dom** *adj* dumb, stupid, silly
- **Er zijn geen domme vragen.**
  There are no dumb questions.

771. **vlucht** *nm* flight
- **Dat was een lange, ongemakkelijke vlucht.**
  That was a long uncomfortable flight.

772. **relatie** *nf* relationship
- **We hebben een liefdevolle relatie.**
  We have a loving relationship.

773. **lachen** *v* to laugh
- **Ze begon te lachen.**
  She started to laugh.

774. **schuldig** *adj* guilty
- **Het bedrijf is schuldig aan vervuiling.**
  The company is guilty of polluting.

775. **negen** *num* nine
- **Ik werd om negen uur wakker.**
  I woke up at nine o'clock.

776. **tafel** *nf* table
- **Het eten staat al op tafel.**
  The food is already on the table.

777. **vanwege** *prep* because of, due to
- **De school is gesloten vanwege het weer.**
  School is closed due to the weather.

778. **beide** *det* both
- **De beide meisjes gingen naar school.**
  Both of the girls went to school.

779. **viel** *v* fell (singular past tense of **vallen**)
- **Hij viel van de trap af.**
  He fell down the stairs.

780. **leek** *v* seemed, appeared, resembled (singular past tense of **lijken**)
- **Ze leek verrast toen ik aankwam.**
  She seemed surprised when I arrived.

781. **gestuurd** *v* sent (past participle of **sturen**)
- **Het schema werd niet naar hem gestuurd.**
  The schedule wasn't sent to him.

782. **lijn** *nf* line, rope, leash
- **Kun je een rechte lijn trekken?**
  Can you draw a straight line?

783. **grapje** *nf* joke (diminutive of **grap**)
- **Ze vertelde een hilarisch grapje.**
  She told a hilarious joke.

784. **moesten** *v* had to, should (plural past tense of **moeten**)
- **Moesten ze gisteren werken?**
  Did they have to work yesterday?

785. **daarvoor** *adv* for that, before that
- **En daarvoor hebben ze meer hulp nodig.**
  And for that they need more help.

786. **onderweg** *adv* en route, on the way
- **We staken onderweg de Belgische grens over.**
  En route, we crossed the Belgian border.

787. **lijst** *nf* list, frame
- **Alle woorden in deze lijst moeten vertaald worden.**
  All words on this list need to be translated.

788. **vanuit** *prep* from, out of
- **Het bedrijf opereert vanuit New York.**
  The company operates out of New York.

789. **sleutel** *nm* key
- **Ik ben mijn sleutels alweer kwijt.**
  I have lost my keys again.

790. **lag** *v* lay (singular past tense of **liggen**)
- **Ze lag in het midden van de weg.**
  She lay down in the middle of the road.

791. **kont** *nm* (vulgar) butt, bum, ass
- **Hij heeft een tatoeage op zijn kont.**
  He has a tattoo on his bum.

792. **reizen** *v* to travel
- **Je hebt een paspoort nodig om te reizen naar een ander land.**
  You need a passport to travel to another country.

793. **arm** *nm* arm
- **Ze hield de baby in haar armen.**
  She held the baby in her arms.

794. **arm** *adj* poor (not rich), poor (unfortunate)
- **Ze meldt zich aan om arme mensen te helpen.**
  She volunteers to help poor people.

795. **groep** *nf, nm* group
- **We hebben een grote tafel nodig voor onze groep.**
  We need a large table for our group.

796. **belde** *v* called (singular past tense of **bellen**)
- **Iemand belde me in het midden van de nacht.**
  Someone called me in the middle of the night.

797. **zweren** *v* to swear, make an oath
- **Zal je zweren dat dit waar is?**
  Will you sear that this is true?

798. **eer** *nf* honor
- **Kapitein van het team zijn, is een eer.**
  To be captain of the team is an honor.

799. **onmogelijk** *adj* impossible
- **Dat is onmogelijk om te doen.**
  That is impossible to do.

800. **steken** *v* to insert, enter, put in, stab
- **Steek de sleutel in het slot.**
  Insert the key into the lock.

801. **hel** *nf* hell
- **De hel is andere mensen.**
  Hell is other people.

802. **zwaar** *adj* heavy, difficult, hard
- **Mijn koffer is zo zwaar dat ik hem niet kan dragen.**
  My suitcase is so heavy I can't carry it.

803. **tuurlijk** *adv* of course, yeah, sure
- **Tuurlijk, de baan is moeilijk, maar het is ook de moeite waard.**
  Sure, the job is hard, but it is also rewarding.

804. **bevel** *nn* order, command
- **Een goede soldaat gehoorzaamt bevelen.**
  A good soldier obeys commands.

805. **jong** *adj* young, new
- **De film is niet geschikt voor jonge kijkers.**
  The film is not suitable for young viewers.

806. **kerk** *nf* church
- **Ze gaat elke zondag naar de kerk.**
  She goes to church every Sunday.

807. **huwelijk** *nn* marriage
- **Ze leken zo'n gelukkig huwelijk te hebben.**
  They seemed to have such a happy marriage.

808. **delen** *v* to divide, split, share
- **Kan je het speelgoed delen met je zus.**
  Can you share the toy with your sister?

809. **wedstrijd** *nm* race, competition, game, sport
- **Hij behaalde de eerste prijs in de wedstrijd.**
  He won first prize in the competition.

810. **maat** *nf* size
- **Heb je een kleinere maat?**
  Do you have a smaller size?

811. **allen** *pro* all, everyone
- **Hallo allen, bedankt voor het komen vandaag.**
  Hello all, thanks for coming today.

812. **gebroken** *v* broken (past participle of **breken**)
- **Het pakket was gebroken toen het aankwam.**
  The package was broken when it arrived.

813. **dromen** *v* to dream
- **Ik kan in vrede dromen.**
  I can dream in peace.

814. **direct** *adj* direct
- **Is er een directe vlucht beschikbaar?**
  Is a direct flight available?

815. **planeet** *nf* planet
- **Jupiter is de grootste planeet in het zonnestelsel.**
  Jupiter is the largest planet in the solar system.

816. **vooral** *adv* especially
- **Het is erg warm daar, vooral in augustus.**
  It is very hot there, especially in August.

817. **missie** *nf* mission
- **Ze werden op een speciale missie gezonden.**
  They were sent on a special mission.

818. **midden** *adv* middle, in the middle
- **Je kunt het zien in het midden van het scherm.**
  You can see it in the middle of the screen.

819. **gezin** *nn* immediate or nuclear family
- **Heeft u een groot gezin?**
  Do you have a large family?

820. **gisteravond** *adv* yesterday evening, last night
- **Ik bleef gisteravond tot laat buiten.**
  I stayed up late last night.

821. **leiden** *v* to lead, guide
- **Dit zal leiden tot nieuwe doorbraken.**
  This will lead to new breakthroughs.

822. **bericht** *nn* message, news, communication
- **U ontvangt een tweede bericht ter bevestiging.**
  You will be sent a second message for confirmation.

823. **angst** *nm* fear, angst, anxiety
- **Ik probeer om mijn angst voor spinnen te overwinnen.**
  I am trying to overcome my fear of spiders.

824. **stierf** *v* died (singular past tense of **sterven**)
- **Zij stierf kort na de operatie.**
  She died shortly after the surgery.

825. **wagen** *nm* car, automobile, vehicle
- **Ik wou dat ik een elektrische wagen kon veroorloven.**
  I wish I could afford an electric car.

826. **blijkbaar** *adv* apparently
- **Het is blijkbaar een zeer eerlijke deal.**
  It is apparently a very fair deal.

827. **kapot** *adj* broken
- **Raak het scherm niet aan als het glas is gebarsten of kapot is.**
  Do not touch the screen if the glass is cracked or broken.

828. **reis** *nf, nm* trip, tour, travel
- **Ik heb genoten van onze reis naar Londen.**
  I enjoyed our trip to London.

829. **ziel** *nf* soul
- **Gelooft u dat iedereen een ziel heeft?**
  Do you believe that everyone has a soul?

830. **positie** *nf* position
- **Het bedrijf heeft een goede financiële positie in de markt.**
  The company has a good financial position in the market.

831. **waarvoor** *adv* why, what for
- **Waarvoor hebben we anders een dergelijk rapport?**
  Why else would we have a report of this kind?

832. **respect** *nn* respect
- **Onze baas behandelt zijn medewerkers met respect.**
  Our boss treats his employees with respect.

833. **wet** *nf* law, rule
- **De nieuwe wet is controversieel.**
  The new law is controversial.

834. **gesprek** *nn* talk, conversation
- **Mijn leraar had een gesprek met mijn ouders.**
  My teacher had a talk with my parents.

835. **verleden** *nn* the past
- **Het verleden kan onze toekomst vormen.**
  The past can shape our future.

836. **kost** *nm* cost, price, charge
- **Er zijn extra kosten.**
  There are extra charges.

837. **links** *adv* left
- **Klik op de pijl naar links.**
  Click the left arrow button.

838. **wit** *adj* white
- **Hij draagt vaak een wit pak.**
  He often wears a white suit.

839. **da's** *contr* that is (contraction of **dat is**)
- **Da's genoeg voor mij.**
  That's enough for me.

840. **regelen** *v* to regulate, control, arrange
- **Kan je vervoer voor mij regelen?**
  Can you arrange transportation for me?

841. **computer** *nm* computer
- **Ik heb mijn moeder geleerd om een computer te gebruiken.**
  I taught my mother to use a computer.

842. **dronken** *adj* drunk (state of intoxication)
- **Hij was te dronken om naar huis te rijden.**
  He was too drunk to drive home.

843. **dronken** *v* drank (plural past tense of **drinken**)
- **Ze dronken alles in mijn huis.**
  They drank everything in my house.

844. **eind** *nn* end, distance
- **Ik heb het einde van de film niet gezien.**
  I didn't see the end of the movie.

845. **deden** *v* did, made (plural past tense of **doen**)
- **Ze deden alles samen.**
  They did everything together.

846. **gast** *nm* guest
- **De gastheer gaf een geschenk aan al zijn gasten.**
  The host gave a gift to all of his guests.

847. **muur** *nm* wall
- **We schilderden de muren helder geel.**
  We painted the walls bright yellow.

848. **gewerkt** *v* worked (past participle of **werken**)
- **Hoeveel uur heb je vorige week gewerkt?**
  How many hours did you work last week?

849. **brand** *nm* fire
- **Het gebouw werd beschadigd in de brand.**
  The building was damaged in the fire.

850. **sluiten** *v* to close
- **Ik ben vergeten om de voordeur te sluiten.**
  I forgot to close the front door.

851. **zon** *nf* sun
- **De zon is vandaag zo helder.**
  The sun is so bright today.

852. **diep** *adj* deep
- **Er is een diep gat in onze tuin.**
  There is a deep hole in our yard.

853. **bureau** *nn* desk, office
- **We hebben een nieuw bureau gekocht bij Ikea.**
  We bought a new desk at Ikea.

854. **zeiden** *v* said, told (plural past tense of **zeggen**)
- **Ze zeiden dat het waar was.**
  They said that it was true.

855. **boord** *nm* board, border (**aan boord** - on board)
- **Er zijn te veel mensen aan boord.**
  There are too many people on board.

856. **rijk** *adj* rich, wealthy
- **De rijke familie heeft een appartement in New York.**
  The rich family owns an apartment in New York.

857. **held** *nm* hero
- **Hij was een held voor het hele land.**
  He was a hero to the whole country.

858. **klote** *adj* bad, stupid
- **Ik haat deze klote regels.**
  I hate these stupid rules.

859. **vijand** *nm* enemy
- **Zij zijn de gezworen vijand van het kapitalisme en financiën.**
  They are the sworn enemy of capitalism and finance.

860. **schoen** *nm* shoe
- **Ze heeft veel dure schoenen.**
  She has a lot of expensive shoes.

861. **gewonnen** *v* won (past participle of **winnen**)
- **Ze hebben elk spel dit jaar gewonnen.**
  They have won every game this year.

862. **gebied** *nn* area, region, field
- **Dit is een onbewoond gebied.**
  This is an uninhabited region.

863. **operatie** *nf* operation
- **De gehele operatie verliep soepel.**
  The entire operation went smoothly.

864. **volk** *nn* people
- **Hij ziet zichzelf als de vader van zijn volk.**
  He sees himself as the father of his people.

865. **bewegen** *v* to move
- **We moeten in die richting bewegen.**
  We must move in that direction.

866. **keek** *v* looked, watched (singular past tense of **kijken**)
- **De beoordeling keek naar alle mogelijkheden.**
  The review looked at all possibilities.

867. **zuster** *nf* sister (**zus**)
- **Je moet je zuster de waarheid vertellen.**
  You must tell your sister the truth.

868. **gelezen** *v* read (past participle of **lezen**)
- **Hij heeft alle boeken van de auteur gelezen.**
  He has read all of the author's books.

869. **achteruit** *adv* backwards
- **De truck rijdt achteruit.**
  The truck is driving backwards.

870. **trein** *nm* train
- **Wanneer komt de trein aan?**
  When does the train arrive?

871. **extra** *adj* extra, additional
- **Het nieuwe systeem biedt extra bescherming.**
  The new system provides additional protection.

872. **bereiken** *v* to arrive at, reach, attain, achieve
- **Ik zal dit jaar mijn doelen bereiken.**
  I will achieve my goals this year.

873. **zee** *nf* sea
- **Ik woon in een kleine plaats vlakbij de zee.**
  I live in a small town near the sea.

874. **broek** *nf* pants, trousers
- **Ik heb een nieuwe broek nodig voor mijn nieuwe baan.**
  I need new pants for my new job.

875. **aanval** *nm* attack, assault
- **De soldaat overleefde de aanval.**
  The soldier survived the attack.

876. **neus** *nm* nose
- **Ze heeft de neus van haar moeder.**
  She has her mother's nose.

877. **oma** *nf* grandma
- **Mijn oma komt uit Enkhuizen.**
  My grandmother is from Enkhuizen.

878. **kalm** *adj* calm
- **Ik voel me heel kalm vandaag.**
  I am feeling very calm today.

879. **hoog** *adj* high
- **De toren is hoog.**
  The tower is high.

880. **draaien** *v* to turn, turn around, spin
- **De aarde draait om haar eigen as.**
  The Earth spins on its axis.

881. **slachtoffer** *nn* victim
- **Het aantal slachtoffers is onbekend.**
  The number of victims is unknown.

882. **les** *nf* course, lesson
- **Ik heb een belangrijke les van mijn vader geleerd.**
  I learned an important lesson from my father.

883. **uiteindelijk** *adj* eventual, final, ultimate
- **Mijn uiteindelijke doel is om president te worden.**
  My ultimate goal is to be president.

884. **verdwenen** *v* disappeared (plural past tense of **verdwijnen**)
- **Maar die voordelen zijn verdwenen.**
  But those advantages have disappeared.

885. **eiland** *nn* island
- **Aruba is een eiland in het Caribisch gebied.**
  Aruba is an island in the Caribbean.

886. **geschreven** *v* written (past participle of **schrijven**)
- **Het is geschreven door een beroemde auteur.**
  It was written by a famous author.

887. **gewond** *v* wounded (past participle of **wonden**)
- **De arbeiders zijn op het werk gewond geraakt.**
  The workers were injured on the job.

888. **plannen** *v* to plan
- **We zijn een trip naar Amsterdam aan het plannen.**
  We are planning a trip to Amsterdam.

889. **uitleggen** *v* to explain, interpret
- **Kun je uitleggen aan mij wat je hiermee bedoelt?**
  Can you explain to me what you mean by this?

890. **haast** *adv* almost, nearly
- **'s Morgens heb ik altijd haast.**
  In the morning, I am always in a hurry.

891. **liegen** *v* to lie (tell untruths)
- **Ik denk dat ze liegt tegen me.**
  I think she is lying to me.

892. **vertaling** *nf* translation
- **Ik heb een vertaling van mijn geboorteakte nodig.**
  I need a translation of my birth certificate.

893. **beloofd** *v* promised (past participle of **beloven**)
- **Ik beloofde ze naar de dierentuin te brengen.**
  I promised to take them to the zoo.

894. **rood** *adj* red
- **Hun vlag is rood en goud.**
  Their flag is red and gold.

895. **bracht** *v* brought (singular past tense of **brengen**)
- **Ze bracht me een schoon shirt.**
  She brought me a clean shirt.

896. **paard** *nn* horse
- **Weet je hoe je paard moet rijden?**
  Do you know how to ride a horse?

897. **winkel** *nm* shop, store
- **De winkel heeft een grote selectie boeken.**
  The shop has a large selection of books.

898. **warm** *adj* warm, hot
- **Barbados is een zeer warm land.**
  Barbados is a very warm country.

899. **moeite** *nf* effort, difficulty
- **We moeten de moeite doen om onze klanten te bereiken.**
  We need to make the effort to reach our customers.

900. **tijdje** *nn* a while
- **Dit proces zal een tijdje duren.**
  This process will take a while.

901. **interessant** *adj* interesting
- **Mijn werk is meestal heel interessant.**
  My work is usually very interesting.

902. **persoonlijk** *adj* personal
- **Zij vroegen om wat persoonlijke informatie.**
  They asked for some personal information.

903. **vrede** *nf* peace
- **Het symbool van de vrede is een witte duif.**
  The symbol of peace is a white dove.

904. **lot** *nn* destiny, fate
- **Ik geloof dat we ons lot kunnen veranderen.**
  I believe that we can change our fate.

905. **bus** *nm* bus
- **Mijn zoon neemt de bus naar school.**
  My son takes the bus to school.

906. **gevecht** *nn* fight, struggle, battle
- **Ze hadden een groot gevecht in het restaurant.**
  They had a huge fight in the restaurant.

907. **weggaan** *v* to go away, leave
- **Voordat we weggaan, nemen we afscheid.**
  Before we leave, let's say goodbye.

908. **daarvan** *adv* from that, of them, ot it
- **Beelden daarvan werden onmiddellijk uitgezonden.**
  Images of them were immediately broadcast.

909. **brief** *nm* letter
- **Ik stuurde haar een brief om dank u te zeggen.**
  I sent her a letter to say thank you.

910. **lastig** *adj* tough, difficult
- **Het team heeft een lastig probleem opgelost.**
  The team solved a difficult problem.

911. **raam** *nm* window
- **De nieuwe ramen zijn mooi.**
  The new windows are beautiful.

912. **levend** *adj* living, alive
- **We hebben de kat levend en gezond gevonden.**
  We found the cat alive and healthy.

913. **kiezen** *v* to choose
- **We moeten een nieuw ontwerp kiezen.**
  We need to choose a new design.

914. **liep** *v* walked, ran (singular past tense of **lopen**)
- **Ze liep tien kilometer gisteren.**
  She walked ten kilometres yesterday.

915. **vonden** *v* found (plural past tense of **vinden**)
- **Ze vonden ons meteen.**
  They found us right away.

916. **hangen** *v* to hang
- **De aap hangt aan de boom.**
  The monkey is hanging from the tree.

917. **verdienen** *v* to earn, deserve
- **Ik verdien een vakantie.**
  I deserve a vacation.

918. **helft** nf, *nm* half
- **Ik begin in de eerste helft van het jaar.**
  I will start in the first half of the year.

919. **teveel** *nn* excess, too much
- **De focus ligt teveel op misdaad.**
  The focus is too much on crime.

920. **leeg** *adj* empty, hollow
- **Is uw glas leeg?**
  If your glass empty?

921. **bleef** *v* stayed, remained (singular past tense of **blijven**)
- **Hij bleef te lang en werd erg moe.**
  He stayed too long and got very tired.

922. **heerlijk** *adj* wonderful, delightful, delicious
- **Dit heerlijke weer is perfect.**
  This delightful weather is perfect.

923. **eraf** *adv* from it, off it
- **Eerst snijdt u de staart eraf.**
  First you cut the tail off of it.

924. **gelukt** *v* succeeded, managed (past participle of **lukken**)
- **Zonder zorgvuldige planning was het niet gelukt.**
  Without careful planning, it did not succeed.

925. **helaas** *adv* unfortunately
- **Helaas is het elke keer anders.**
  Unfortunately it is different every time.

926. **stelen** *v* to steal
- **Hij wilde de dure auto stelen.**
  He wanted to steal the expensive car.

927. **gezet** *v* put, placed, set (past participle of **zetten**)
- **Hij heeft de borden op de tafel gezet.**
  He put the plates on the table.

928. **bekijken** *v* to look at, view, check out
- **Ik wil het product bekijken voordat ik het koop.**
  I want to check out the product before I buy it.

929. **boodschap** *nf* message
- **We hebben een belangrijke boodschap.**
  We have an important message.

930. **lift** *nm* lift, elevator
- **We kunnen de lift naar de vierde verdieping nemen.**
  We can take the lift to the fourth floor.

931. **been** *nn* leg
- **Hij brak zijn been.**
  He broke his leg.

932. **gekocht** *v* bought (past participle of **kopen**)
- **Heb je de tickets al gekocht?**
  Have you bought the tickets yet?

933. **opschieten** *v* to get along (with), to make progress
- **Hij kan met veel mensen goed opschieten.**
  He can get along with a lot of people.

934. **donker** *adj* dark
- **Het is te donker om te zien.**
  It is too dark to see.

935. **rechts** *adv* on the right, to the right
- **Rechts zie je de uitgang.**
  On the right hand side you see the exit.

936. **aandacht** *nf* attention
- **Bedankt voor uw aandacht.**
  Thank you for your attention.

937. **ophouden** *v* to finish, end, stop
- **Nu moet je ophouden.**
  Now you have to stop.

938. **slag** *nm* blow, knock, strike
- **Het was een belangrijke slag in de Franse geschiedenis.**
  It was an important battle in French history.

939. **vannacht** *adv* tonight
- **Ik moet vannacht goed slapen.**
  I need to sleep well tonight.

940. **speciaal** *adj* special
- **De gevoelige huid heeft speciale verzorging nodig.**
  Sensitive skin needs special care.

941. **koningin** *nf* queen
- **De koningin heeft verschillende paleizen.**
  The queen has several palaces.

942. **geschiedenis** *nf* history
- **Geschiedenis herhaalt zich vaak.**
  History often repeats itself.

943. **volledig** *adj* complete, full
- **Ik kreeg een volledige beurs voor de universiteit.**
  I received a full scholarship to the university.

944. **zulk** *det* such
- **Dit zijn zulke mooie schoenen.**
  These are such beautiful shoes.

945. **adres** *nn* address
- **Schrijf het adres op, alstublieft.**
  Please write down the address.

946. **alweer** *adv* already, again
- **De volgende dag was hij alweer in de klas.**
  The next day he was in class again.

947. **meestal** *adv* mostly, for the most part, usually
- **Vastgoed is meestal een goede investering.**
  Real estate is usually a good investment.

948. **park** *nn* park
- **Het is een groot, mooi park.**
  It is a large, beautiful park.

949. **regering** *nf* government
- **Het werd door de Nederlandse regering aangenomen.**
  It was adopted by the Dutch government.

950. **ouwe** *nm* man, mate, old man
- **Het beste, ouwe.**
  Goodbye, mate.

951. **dak** *nn* roof
- **Ons huis heeft een nieuw dak nodig.**
  Our house needs a new roof.

952. **zwanger** *adj* pregnant
- **Ze is zwanger van haar tweede kind.**
  She is pregnant with her second child.

953. **gehouden** *v* kept, held (past participle of **houden**)
- **Verkiezingen worden gehouden in januari.**
  Elections will be held in January.

954. **zelfmoord** *nf* suicide
- **Zelfmoord is een sociaal probleem.**
  Suicide is a social problem.

955. **hopelijk** *adv* hopefully
- **Hopelijk is het weer morgen beter.**
  Hopefully tomorrow the weather is better.

956. **adem** *nm* breath
- **Hoe lang kun je je adem inhouden?**
  How long can you hold your breath?

957. **vernietigen** *v* to destroy
- **Hoge spanning kan het toestel vernietigen.**
  High voltage can destroy the unit.

958. **nek** *nm* neck
- **Doe het niet om je nek.**
  Do not put it around your neck.

959. **brug** *nm*, *nf* bridge
- **We willen een culturele brug creëren.**
  We want to create a cultural bridge.

960. **bezoek** *nn* visit
- **We hebben echt genoten van ons bezoek.**
  We really enjoyed our visit.

961. **kwalijk** *adj* bad, difficult, (**kwalijk nemen** - to blame)
- **Niemand zal het u kwalijk nemen.**
  Nobody is going to blame you.

962. **ongelooflijk** *adj* unbelievable
- **Ik vind deze theorie ongelooflijk.**
  I find this theory unbelievable.

963. **ijs** *nn* ice, ice cream
- **Het ijs was een meter dik.**
  The ice was a meter thick.

964. **overleven** *v* to survive
- **Slechts een paar van de dieren zullen overleven.**
  Only a few of the animals will survive.

965. **beiden** *pro* both
- **Haar ouders gaan beiden werken.**
  Her parents are both going to work.

966. **meenemen** *v* to take along, take away
- **Kunt u me meenemen?**
  Can you take me with you?

967. **gestorven** *v* died (past participle of **sterven**)
- **10 jaar geleden is mijn moeder gestorven.**
  10 years ago my mother died.

968. **ontslagen** *v* fired (employee) (past participle of **ontslaan**)
- **Hij werd ontslagen omdat hij op het werk sliep.**
  He was fired for sleeping at work.

969. **aantal** *nn* a number, a few
- **Er waren een aantal fouten.**
  There were a number of mistakes.

970. **vuil** *adj* dirty, filthy
- **Hij maakte zijn vuile handen in de gootsteen schoon.**
  He cleaned his dirty hands in the sink.

971. **geweer** *nn* rifle
- **Ik heb nooit een geweer afgevuurd.**
  I have never fired a rifle.

972. **werkelijk** *adj* real, actual
- **Oké, maar wat is het werkelijke probleem.**
  Okay but what is the actual problem.

973. **dichtbij** *adj* close, nearby
- **Ik weet niet waar hij woont maar het is dichtbij.**
  I don't know where he lives but I think it is close.

974. **voet** *nm* foot
- **Ik heb pijn in mijn linker voet.**
  I have pain in my left foot.

975. **wisten** *v* knew (plural past tense of **weten**)
- **Ze wisten niet waar ze heen waren.**
  They didn't know where they were going.

976. **zingen** *v* to sing
- **Mijn dochter houdt van zingen en dansen.**
  My daughter loves to sing and dance.

977. **toestemming** *nf* permission, authorization
- **Ik heb toestemming van mijn baas.**
  I have permission from my boss.

978. **gestopt** *v* stopped (past participle of **stoppen**)
- **Ze zijn gestopt met werken.**
  They have stopped working.

979. **zaten** *v* sat (plural past tense of **zitten**)
- **Ze zaten stil en luisterden.**
  They sat quietly and listened.

980. **kort** *adj* short
- **Ik zie er aantrekkelijker uit met kort haar.**
  I look more attractive with short hair.

981. **gepakt** *v* caught, grabbed (past participle of **paken**)
- **De dader werd onmiddellijk gepakt.**
  The culprit was caught immediately.

982. **knap** *adj* handsome, pretty, attractive, intelligent
- **De acteur is een heel knappe man.**
  The actor is a very handsome man.

983. **waarop** *adv* in which, after which
- **Ik zoek een stoel waarop ik kan zitten**
  There is a number of ways in which they are different.

984. **ontdekt** *v* discovered (past participle of **ontdeken**)
- **We hebben een nieuwe behandeling ontdekt.**
  We have discovered a new cure.

985. **doorgaan** *v* to go through (with), proceed, continue
- **Na het avondeten wil ik doorgaan met ons gesprek.**
  After dinner I want to continue our conversation.

986. **vlees** *nn* meat, flesh
- **Ik moet wat vers vlees kopen.**
  I need to buy some fresh meat.

987. **richting** *nf* direction
- **Gaan we in de goede richting?**
  Are we going in the right direction?

988. **ruzie** *nf* quarrel, fight
- **Mijn beste vriend en ik hadden een grote ruzie.**
  My best friend and I had a bad fight.

989. **gesloten** *adj* closed
- **Het restaurant is al gesloten.**
  The restaurant is already closed.

990. **welterusten** *int* good night, sleep well
- **Welterusten, ik hou van jou.**
  Good night, Love you.

991. **belachelijk** *adj* ridiculous
- **Ik denk dat elke dag rennen belachelijk is.**
  I think running every day is ridiculous.

992. **rekening** *nf* account, check, bill, invoice
- **Ik heb geen geld op mijn rekening.**
  I have no money in my account.

993. **verrassing** *nf* surprise
- **Tot mijn verrassing kwam hij op tijd.**
  To my surprise he arrived on time.

994. **ontsnappen** *v* to escape
- **De dief probeerde te ontsnappen aan de politie.**
  The robber tried to escape from the police.

995. **kennis** *nm, nf* knowledge, acquaintance
- **Ik wil mijn kennis op het gebied verbeteren.**
  I want to improve my knowledge in this field.

996. **verlies** *nn* loss, defeat
- **Wij zijn niet aansprakelijk voor verlies of schade.**
  We are not liable for loss or damage.

997. **verschillend** *adj* different, various
- **Er zijn veel verschillende soorten tijdschriften.**
  There are many different types of magazines.

998. **tas** *nn* bag
- **Ik reis het liefst met maar één tas.**
  I prefer to travel with only one bag.

999. **veiligheid** *nf* safety, security
- **De veiligheid van de passagiers is onze prioriteit.**
  The safety of passengers is our priority.

1000. **wijn** *nm* wine
- **Wijn is een belangrijk Frans export-product.**
  Wine is an important French export.

1001. **verkocht** *v* sold (past particple of **verkopen**)
- **Ik heb eindelijk mijn oude auto verkocht.**
  I finally sold my old car.

ALPHABETICAL INDEX

aan *prep* on, to 38
aandacht *nf* attention 936
aantal *nn* a number, a few 969
aanval *nm* attack, assault 875
aarde *nf* earth, soil, ground 594
aardig *adj* friendly, nice 499
absoluut *adj, adv* absolutely 705
acht *num* eight 566
achter *prep* behind, beyond 218
achteruit *adv* backwards 869
adem *nm* breath 956
adres *nn* address 945
advocaat *nm* lawyer 680
af *adv* off 146
afgelopen *adj* last, finished 690
afspraak *nm* arrangement 681
agent *nm* police officer 343
al *det* all, all of 72
al *adv* already 73
allebei *det* both 564
alleen *adj* alone, by oneself 94
alleen *adv* only, just 95
allemaal *pro* all, everyone 151
allen *pro* all, everyone 811
alles *pro* everything 90
als *conj* if, when 30
als *prep* like, as 31
alsjeblieft *adv* please (inf.) 204
alsof *conj* as if 299
alstublieft *adv* please (for.) 383
altijd *adv* always 147
alweer *adv* already, again 946
ander *adj* other, different 443
anders *adj* different 165
angst *nm* fear, angst 823
antwoord *nn* answer, reply 521

arm *nm* arm 793
arm *adj* poor 794
auto *nm* car, automobile 232
avond *nm* evening, night 467
baan *nf* job, occupation 484
baas *nm* boss 431
baby *nm* baby 430
bang *adj* scared, frightened 241
bank *nm, nf* bank 654
bed *nn* bed 409
bedankt *int* thanks 168
bedoelen *v* to mean 202
bedrijf *nn* company 767
been *nn* leg 931
beetje *det* a bit, a little bit 235
beginnen *v* to begin 382
begon *v* began, started 642
begonnen *v* began 703
begrepen *v* understood 418
begrijpen *v* to understand 294
behalve *prep* except 650
beide *det* both 778
beiden *pro* both 965
bekend *adj* famous 692
bekijken *v* to look at 928
belachelijk *adj* ridiculous 991
belangrijk *adj* important 476
belde *v* called 796
bellen *v* to phone, call, ring 309
beloofd *v* promised 893
beloven *v* to promise 605
ben *v* am 32
beneden *prep* under, below 434
bent *v* are 67
bereiken *v* to arrive at 872
bericht *nn* message, news 822

beschermen *v* to protect 598
best *adj* best 328
bestaan *v* to exist, be 707
betaald *v* paid 754
betalen *v* to pay 509
betekenen *v* to mean 363
beter *adj* better 178
bevel *nn* order, command 804
bewegen *v* to move 865
bewijzen *v* to prove 621
bezig *adj* busy 411
bezoek *nn* visit 960
bij *prep* at, with, by 74
bijna *adv* almost, soon 290
binnen *prep* inside, within 174
bleef *v* stayed, remained 921
blij *adj* happy, glad 347
blijkbaar *adv* apparently 826
blijven *v* to stay, remain 203
bloed *nn* blood 400
boek *nn* book 505
boodschap *nf* message 929
boord *nm* board, border 855
boos *adj* mad, angry, upset 659
boot *nm, nf* boat 698
boven *adv* above, upstairs 370
bracht *v* brought 895
brand *nm* fire 849
brengen *v* to bring, carry 346
brief *nm* letter 909
broek *nf* pants, trousers 874
broer *nm* brother 350
brug *nm, nf* bridge 959
buiten *adv* outside 271
bureau *nn* desk, office 853
bus *nm* bus 905
buurt *nf* neighborhood 471
computer *nm* computer 841
contact *nn* contact 595
controle *nm, nf* control 622
daar *adv* there 75
daarmee *adv* thus, hence 589
daarna *adv* after that 546

daarom *adv* therefore, so 324
daarvan *adv* from that 908
daarvoor *adv* for that 785
dacht *v* thought 161
dag *nm* day 153
dak *nn* roof 951
dame *nf* lady 562
dan *adv* then 41
dan *conj* than 42
danken *v* to thank 160
dansen *v* to dance 742
da's *contr* that is 839
dat *det* that 6
dat *pro* that, which, who 7
de *art* the (masc. + fem.) 5
deden *v* did, made 845
deed *v* did 248
deel *nn* part, piece 483
degene *pro* that one who 608
delen *v* to divide, split 808
denken *v* to think 91
derde *adj* third 762
deur *nf* door 353
deze *det* this (masc + fem) 84
dezelfde *det* the same 488
dicht *adj* close, closed 440
dichtbij *adj* close, nearby 973
die *det* that (m or f), those 25
dienst *nm* service 655
diep *adj* deep 852
ding *nn* matter, thing 208
direct *adj* direct 814
dit *det* this (neuter) 34
dochter *nf* daughter 390
doden *v* to kill 368
doel *nn* aim, purpose 700
doen *v* to do 64
dokter *nm* doctor 358
dom *adj* dumb, stupid, silly 770
donker *adj* dark 934
dood *adj* dead 137
door *prep* through, across 92
doorgaan *v* to go through 985

draaien *v* to turn, spin 880
dragen *v* to carry, to wear 749
drie *num* three 193
drinken *v* to drink 472
dromen *v* to dream 813
dronken *adj* drunk 842
dronken *v* drank 843
droom *nm* dream 625
druk *adj* busy, crowded 401
duidelijk *adj* clear, precise 464
duren *v* to last 756
dus *adv* thus, so 97
echt *adj, adv* real, really 93
een *art* a, an 9
één *num* one 141
eens *adv* once, sometime 96
eentje *num* just one 640
eer *nf* honor 798
eerder *adj* earlier, previous 406
eerlijk *adj* honest, fair 468
eerst *adv* first 268
eerste *adj* first 211
eigen *adj* own, self 283
eigenlijk *adv* actually 298
eiland *nn* island 885
eind *nn* end, distance 844
einde *nn* end 556
eindelijk *adv* at last, finally 590
elk *det* each, every 288
elkaar *pro* each other 199
en *conj* and 11
ene *pro* one 693
enig *adj* only, single 257
enkel *adj* some, a few, only 538
enkel *nm* ankle 539
er *adv* there 23
eraan *adv* on it, to it 444
eraf *adv* from it, off it 923
erbij *adv* with it, by it 597
erg *adv* very 166
ergens *adv* somewhere 356
ermee *adv* with it 502
erop *adv* on that, on them 486

erover *adv* over it, about it 729
eruit *adv* out of it, from it 331
ervan *adv* from it them 408
ervoor *adv* for it, before it 554
eten *v* to eat 256
even *adv* equally, even 111
extra *adj* extra, additional 871
familie *nf* family 303
fantastisch *adj* fantastic 634
feest *nn* party, celebration 696
fijn *adj* nice, pleasant, fine 469
film *nm* film, movie 520
foto *nf* photo, photograph 573
fout *nf* error, mistake 450
gaan *v* to go 60
gaf *v* gave 429
gang *nm* alley, hallway 558
gast *nm* guest 846
gebeurd *v* happened 239
gebeuren *v* to happen 296
gebied *nn* area, region 862
geboren *v* born 748
gebouw *nn* building 740
gebracht *v* brought 743
gebroken *v* broken 812
gebruik *nn* use 606
gebruiken *v* to use 369
gebruikt *v* used 531
gedaan *v* done 144
gedacht *v* thought 734
gedachte *nf* thought, idea 761
gedood *v* killed 658
geen *det* no, not a, not any 46
geest *nm* spirit life force 685
gefeliciteerd *int* congratulations 751
gegaan *v* gone 557
gegeven *v* given 492
gegeven *nn* fact, datum 493
gehad *v* had 316
geheim *nn* secret 638
gehouden *v* kept, held 953
gek *adj* crazy, mad 221

gekocht *v* bought 932
gekomen *v* come 415
gekregen *v* got, gotten 632
geld *nn* money 170
geleden *adv* ago 276
geleerd *v* learned 728
gelezen *v* read 868
gelijk *nn* right, truth 289
geloof *nn* belief 273
geloven *v* to believe 338
geluk *nn* luck 487
gelukkig *adj* happy, lucky 432
gelukt *v* succeeded 924
gemaakt *v* made 317
genoeg *adv* enough 191
genomen *v* taken 666
gepakt *v* caught, grabbed 981
geprobeerd *v* tried 727
geraakt *v* hit, were 716
gered *v* saved, rescued 653
geschiedenis *nf* history 942
geschreven *v* written 886
gesloten *adj* closed 989
gesprek *nn* conversation 834
gesproken *v* spoken 585
gestolen *v* stolen 678
gestopt *v* stopped 978
gestorven *v* died 967
gestuurd *v* sent 781
getrouwd *adj* married 611
gevaar *nn* danger 673
gevaarlijk *adj* dangerous 709
geval *nn* situation, instance 510
gevangenis *nf* jail, prison 599
gevecht *nn* fight, battle 906
geven *v* to give 225
gevoel *nn* feeling 568
gevonden *v* found 269
gevraagd *v* asked 612
geweer *nn* rifle 971
geweest *v* been 224
geweldig *adj* great 244
gewerkt *v* worked 848

gewond *v* wounded 887
gewonnen *v* won 861
gewoon *adj* normal 128
geworden *v* been, become 537
gezegd *v* said 266
gezet *v* put, placed, set 927
gezicht *nn* face 437
gezien *v* seen 182
gezin *nn* immediate family 819
ging *v* went 226
gingen *v* went 686
gisteravond *adv* last night 820
gisteren *adv* yesterday 593
god *nm* god 181
goed *adj*, *adv* good, well 55
goedemorgen *int* good morning 712
goei *adj* good (inf.) 592
graag *adv* willingly, gladly 212
grapje *nf* joke 783
grappig *adj* funny 548
groep *nf*, *nm* group 795
grond *nm* ground 579
groot *adj* big, large 217
grootste *adj* biggest 668
haar *pro* her 61
haar *nn* hair 62
haast *adv* almost, nearly 890
had *v* had 83
hadden *v* had 267
halen *v* to get, fetch, reach 280
half *adj* half 616
hallo *int* hello 196
hand *nf* hand 230
hangen *v* to hang 916
hard *adj* hard, strong 514
hart *nn* heart 395
haten *v* to hate 513
hé *int* hey 173
hè *int* huh, isn't it 318
hebben *v* to have 26
heeft *v* have 53
heel *adv* very 145

heen *adv* to, towards, away 260
heer *nm* gentleman 491
heerlijk *adj* wonderful 922
heet *adj* hot 322
hel *nf* hell 801
helaas *adv* unfortunately 925
held *nm* hero 857
helemaal *adv* completely 219
helft *nf, nm* half 918
helpen *adv* to help 192
hem *pro* him 54
hemel *nm* heaven, sky 663
hen *pro* them 282
herinneren *v* to remember 586
het *art* the (neuter) 3
het *pro* it 4
hetzelfde *det* same (neuter) 428
hield *v* kept, held 545
hier *adv* here 43
hierheen *adv* towards here 613
hij *pro* he 18
hoe *adv* how 59
hoeveel *det* how much 333
hoeven *v* need to, have to 392
hoezo *int* how so? 607
hoi *int* hey, hi 404
hond *nm* dog 518
honger *nm* hunger 753
hoofd *nn* head 295
hoog *adj* high 879
hoop *nm* pile, heap, a lot 284
hoop *nf* hope 285
hopelijk *adv* hopefully 955
hopen *v* to hope 319
horen *v* to hear 246
hotel *nn* hotel 691
houden *v* keep 115
huis *nn* house 158
hulp *nm*, nf help 348
hun *pro* them 156
hun *pro* their 157
huwelijk *nn* marriage 807
idee *nn* idea 231

idioot *nm* idiot 587
ie *pro* he (inf.) 265
ieder *det* each, every 671
iedereen *pro* everyone 172
iemand *pro* someone 112
iets *pro* something, anything 78
ijs *nn* ice, ice cream 963
ik *pro* I 1
in *prep* in 15
inderdaad *adv* indeed 515
informatie *nf* information 561
interessant *adj* interesting 901
is *v* is 8
ja *int* yes 51
jaar *nn* year 152
jammer *adj* unfortunate 745
jawel *adv* yes (emphatic) 710
je *pro* you 2
jezelf *pro* yourself 337
jezus *nm* Jesus 482
jij *pro* you 39
jong *adj* young, new 805
jongen *nm* boy 240
jou *pro* you 86
jouw *det* your (inf.) 148
juist *adj* right, correct, just 359
jullie *pro* you (plural) 77
kaart *nf* card, map, menu 758
kalm *adj* calm 878
kamer *nf* room 340
kan *v* can 45
kans *nf* chance 330
kant *nm* side, way 297
kantoor *nn* office 551
kapitein *nm* captain 485
kapot *adj* broken 827
keek *v* looked, watched 866
keer *nm* time 164
kennen *v* to know 262
kennis *nm, nf* knowledge 995
kerel *nm* lad, fellow, bloke 508
kerk *nf* church 806
keuze *nf* choice 750

kiezen *v* to choose 913
kijken *v* to look, watch 129
kind *nn* child, kid 311
kinderen *nn* children 237
klaar *adj* ready 190
klein *adj* small, little 414
kleren *npl* clothes 719
klinken *v* to sound 457
klootzak *nm* ball sack, jerk 381
kloppen *v* to beat, hit 357
klote *adj* bad, stupid 858
knap *adj* handsome, pretty 982
koffie *nf, nm* coffee 583
komen *v* to come 70
kon *v* could 188
konden *v* could 628
koning *nm* king 534
koningin *nf* queen 941
kont *nm* butt, bum, ass 791
kop *nm* cup 417
kopen *v* to buy 582
kort *adj* short 980
kost *nm* cost, price, charge 836
koud *adj* cold 744
kracht *nf* power, force 602
kreeg *v* got, received 477
krijgen *v* to get, receive 216
kun *v* can 251
kunnen *v* to be able, can 89
kwaad *adj* angry, furious 528
kwalijk *adj* bad, difficult 961
kwam *v* came 233
kwamen *v* came 669
kwijt *adj* lost, missing 540
laat *adj* late 85
laatst *adj* latest 247
lachen *v* to laugh 773
lag *v* lay 790
land *nn* land, country 372
lang *adj* long, tall 205
langs *prep* along, through 495
lastig *adj* tough, difficult 910
laten *v* to leave, let, allow 106

later *adj* later 373
leeg *adj* empty, hollow 920
leek *v* seemed, appeared 780
leger *nn* army 617
leggen *v* to lay, put 565
leiden *v* to lead, guide 821
lekker *adj* delicious 367
leren *v* to learn, teach 427
les *nf* course, lesson 882
letten *v* to pay attention 645
leuk *adj* likable, funny, nice 197
leven *v* to live, be alive 123
leven *nn* life 124
levend *adj* living, alive 912
lezen *v* to read 648
lichaam *nn* body 498
licht *nn* light 523
lief *adj* nice, sweet, beloved 657
liefde *nn* love 445
liefje *nn* darling 755
liegen *v* to lie 891
liep *v* walked, ran 914
liet *v* let 475
liever *adv* rather, preferably 527
lieverd *nm* dear, darling 526
lift *nm* lift, elevator 930
liggen *v* to lie, lie down 441
lijken *v* to seem, appear 243
lijn *nf* line, rope, leash 782
lijst *nf* list, frame 787
links *adv* left 837
lopen *v* to run 393
los *adj* loose 398
lot *nn* destiny, fate 904
lucht *nf* sky, air 578
luisteren *v* to listen 207
lukken *v* to succeed 724
lul *nm* (vulgar) penis 732
maand *nf* month 452
maar *conj* but 24
maat *nf* size 810
macht *nf* power, force 747
mag *v* may, be allowed 140

maken *v* to make 139
makkelijk *adj* easy 664
mam *nf* mother, mom 496
mama *nf* mommy, mama 439
man *nm* man 103
manier *nf* way, manner 320
me *pro* me 27
mee *adv* with 109
meenemen *v* to take along 966
meer *adv* more 80
meer *nn* lake 81
meest *det* most 679
meestal *adv* mostly, usually 947
meester *nm* master 699
meid *nf* girl 651
meisje *nn* girl 277
men *pro* one, they, you 633
meneer *nm* sir, mister 206
menen *v* to believe, mean 610
mens *nm* human, person 547
mensen *npl* people 116
met *prep* with 28
meteen *adv* immediately 433
mevrouw *nf* Mrs., madam 426
mezelf *pro* myself 506
midden *adv* middle 818
mij *pro* me 68
mijn *det* my 35
miljoen *nn* million 511
minder *det* less, fewer 567
minuut *nm, nf* minute 313
misschien *adv* maybe 110
missen *v* to miss 388
missie *nf* mission 817
m'n *pro* my 87
mocht *v* could, was able to 711
moe *adj* tired 768
moeder *nf* mother 187
moeilijk *adj* hard, difficult 403
moeite *nf* effort, difficulty 899
moest *v* had to, should 236
moesten *v* had to 784
moeten *v* to have to, must 48

mogelijk *adj* possible 438
mogen *v* may, be allowed 453
moment *nn* moment 339
mond *nm* mouth 470
mooi *adj* beautiful, pretty 209
moord *nm* murder 553
moordenaar *nm* murderer 672
morgen *adv* tomorrow 274
morgen *nm* morning 275
muur *nm* wall 847
muziek *nf* music 677
na *prep* after, behind 195
naam *nm* name 220
naar *prep* to, towards 40
naartoe *adv* to, towards 563
naast *prep* beside, next to 721
nacht *nm* night 410
nadat *conj* after 717
nam *v* took 580
namen *v* took 764
natuurlijk *adv* of course 213
nee *int* no 56
neer *adv* down, downwards 407
negen *num* nine 775
nek *nm* neck 958
nemen *v* to take 185
nergens *adv* nowhere 530
net *adv* just, exactly 136
neus *nm* nose 876
niemand *pro* nobody 169
niet *adv* no, not 10
niets *pro* nothing 113
nietwaar *int* isn't it so? 629
nieuw *adj* new 249
nieuws *nn* news 442
niks *pro* nothing 171
nodig *adj* necessary 118
noemen *v* to call 541
nog *adv* still, yet, more 47
nogal *adv* rather, quite 570
nooit *adv* never 104
normaal *adj* normal, usual 552
nou *adv* now 107

nou *int* well, wow 108
nu *adv* now 58
nummer *nn* number 423
of *conj* or 69
oké *adj* okay, good, correct 100
om *prep* around, about, at 36
om *conj* in order to 37
oma *nf* grandma 877
omdat *conj* because 143
omhoog *adv* upwards 604
onder *adv* under 222
onderweg *adv* en route 786
onderzoek *nn* research 584
ongelooflijk *adj* unbelievable 962
ongeluk *nn* accident 637
ongeveer *adv* about 649
onmogelijk *adj* impossible 799
ons *pro* us 76
ontdekt *v* discovered 984
ontmoeten *v* to meet 529
ontslagen *v* fired 968
ontsnappen *v* to escape 994
onze *det* our 117
onzin *nm* nonsense 626
oog *nn* eye 336
ooit *adv* sometime 228
ook *adv* also, too 65
oom *nm* uncle 652
oorlog *nm* war 463
op *prep, adv* up, on 19
open *adj* open 292
operatie *nf* operation 863
ophouden *v* to finish, end 937
opnieuw *adv* again 619
opschieten *v* get along 933
orde *nf* order 293
oud *adj* old 455
ouder *nm* parent 478
ouwe *nm* man, mate 950
over *adv* over, above, about 66
overal *adv* everywhere 489
overleven *v* to survive 964

pa *nm* pa, dad, daddy 524
paar *nn* pair couple, few 245
paard *nn* horse 896
pak *nn* package, suit 300
pakken *v* to grab, pack 374
papa *nm* dad, daddy 394
park *nn* park 948
pas *adv* just, hardly, only 325
per *prep* for each, per 454
perfect *adj* perfect 591
persoon *nm* person 600
persoonlijk *adj* personal 902
pijn *nf* pain 329
pistool *nn* pistol, hand gun 631
plaats *nf* place, position 332
plan *nn* plan 355
planeet *nf* planet 815
plannen *v* to plan 888
plek *nf* spot, place 419
plezier *nn* fun, pleasure 571
politie *nf* police 301
positie *nf* position 830
praatje *nm* chat, talk 361
prachtig *adj* beautiful 542
praten *v* to talk 180
precies *adj* exact, exactly 302
president *nm* president 462
prijs *nm* price 735
prima *adj* excellent, fine 362
proberen *v* to try 312
probleem *nn* problem 281
punt *nn* point, tip, item 614
raad *nm* advice, council 730
raam *nm* window 911
raar *adj* strange 726
raken *v* to hit, touch 736
recht *adj* right, straight 497
rechts *adv* on the right 935
redden *v* to save, rescue 413
reden *nf* reason, ground 448
reden *v* rode, drove 449
regel *nm* rule, regulation 702
regelen *v* to regulate 840

regering *nf* government 949
reis *nf, nm* trip, tour, travel 828
reizen *v* to travel 792
rekening *nf* account, bill 992
relatie *nf* relationship 772
rennen *v* to run 763
respect *nn* respect 832
rest *nf* rest, remaining 465
richting *nf* direction 987
rij *nf* row, line, queue 759
rijden *v* to ride, drive 543
rijk *adj* rich, wealthy 856
rond *adj, adv* round, around 461
rood *adj* red 894
rug *nm* back 720
ruimte *nf* space, room 694
rust *nf, nm* rest, peace, calm 480
rustig *adj* calm, quiet 279
ruzie *nf* quarrel, fight 988
samen *adv* together 272
schat *nm* treasure, darling 376
schatje *nn* darling, honey 532
schelen *v* to ail, to suffer 757
schieten *v* to shoot 341
schip *nn* ship 490
schoen *nm* shoe 860
school *nf* school 351
schrijven *v* to write 739
schuld *nf* fault, blame, debt 466
schuldig *adj* guilty 774
seconde *nf* second 683
seks *nm* sex 667
serieus *adj, adv* serious 627
sinds *prep* since 416
situatie *nf* situation 752
slaan *v* to hit, slap, beat 689
slaap *nm* sleep 647
slachtoffer *nn* victim 881
slag *nm* blow, knock, strike 938
slapen *v* to sleep 446
slecht *adj* bad 344
slechts *adv* only, just 688
sleutel *nm* key 789

slim *adj* intelligent, clever 646
sluiten *v* to close 850
snappen *v* to get 396
snel *adj, adv* fast, quick 229
sommige *det* some 674
soms *adv* sometimes 307
soort *nn* sort, kind 364
sorry *int* sorry 198
speciaal *adj* special 940
spel *nn* game 560
spelen *v* to play 366
spijten *v* to cause regret 167
spreken *v* to speak 354
spul *nn* stuff 660
staan *v* to stand, be located 254
staat *nm* state 175
stad *nf* city, town 335
stap *nm* step 549
steeds *adv* increasingly 215
steken *v* to insert, enter 800
stel *nn* couple, pair 421
stelen *v* to steal 926
stellen *v* to position, place 623
stem nf voice 766
sterk *adj* strong 684
sterven *v* to die 436
stierf *v* died 824
stil *adj* still, quiet, silent 507
stom *adj* dumb 706
stond *v* stood 517
stoppen *v* to stop 380
straat *nf* street 687
straks *adv* shortly 519
stuk *nn* piece, part 479
sturen *v* to send, steer 662
stuur *nn* steering wheel 572
tafel *nf* table 776
tas *nn* bag 998
te *prep, adv* to, too 20
tegen *prep* against, towards 134
teken *nn* sign, signal 765
telefoon *nm* telephone 473
ten *contr* to the, at the 555

tenminste *adv* at least 656
tenzij *conj* unless 769
ter *contr* for, for the, in the 665
terug *adv* back 105
terwijl *conj* while, whereas 458
teveel *nn* excess, too much 919
thuis *adv* at home 278
tien *num* ten 391
tijd *nm* time 130
tijdens *prep* during 525
tijdje *nn* a while 900
toch *adv* still, anyway 102
toe *adj* closed, shut 200
toekomst *nf* future 615
toen *conj* when, then 133
toestemming *nf* permission, authorization 977
tot *prep* until, to 119
totdat *conj* until 722
trein *nm* train 870
trek *nm* appetite 609
trek *v* to pull 741
trots *adj* proud 635
trouwen *v* to marry 569
trouwens *adv* besides 695
tussen *prep* between 352
tuurlijk *adv* of course 803
tv *abbr* TV 624
twee *num* two 132
tweede *adj* second 512
uit *adv* uit, off 63
uiteindelijk *adj* final 883
uitleggen *v* to explain 889
uur *nn* hour, o'clock 189
uw *det* your (formal) 138
vaak *adv* often 504
vader *nm* father 159
vallen *v* to fall 451
van *prep* of, from, by 13
vanaf *prep* as of 503
vanavond *adv* tonight 326
vandaag *adv* today 263
vandaan *adv* from, away 481

vannacht *adv* tonight 939
vanuit *prep* from, out of 788
vanwege *prep* because of 777
vast *adj* firm, fixed 194
vechten *v* to fight 535
veel *det* many, much, a lot 121
veilig *adj* safe 420
veiligheid *nf* safety 999
vent *nm* chap, fellow, guy 456
ver *adj* far 447
veranderen *v* to change 522
verder *adv* further 304
verdienen *v* to earn 917
verdomme *int* dammit 234
verdwenen *v* disappeared 884
vergeten *v* to forget 399
verhaal *nn* story 402
verkeerd *adj* wrong 576
verkocht *v* sold 1001
verkopen *v* to sell 731
verlaten *v* to leave 630
verleden *nn* the past 835
verliefd *adj* in love 723
verlies *nn* loss, defeat 996
verliezen *v* to lose 643
verloren *v* lost 533
vermoord *v* murdered 287
vermoorden *v* to murder 387
vernietigen *v* to destroy 957
verrassing *nf* surprise 993
verschillend *adj* different 997
vertaling *nf* translation 892
verteld *v* told 345
vertelde *v* told 559
vertellen *v* to tell 227
vertrekken *v* to leave 676
vertrouwen *nn* trust, faith 500
vertrouwen *v* to trust 501
verwachten *v* to expect 581
via *prep* via, through 675
viel *v* fell 779
vier *num* four 342
vijand *nm* enemy 859

vijf *num* five 315
vinden *v* to find 186
vlees *nn* meat, flesh 986
vliegen *v* to fly 697
vliegtuig *nn* airplane 644
vlucht *nm* flight 771
voelde *v* felt 718
voelen *v* to feel 310
voet *nm* foot 974
vol *adj* full 422
volgen *v* to follow 661
volgend *adj* following, next 323
volgens *prep* according to 327
volk *nn* people 864
volledig *adj* complete, full 943
vond *v* found 360
vonden *v* found 915
voor *prep* for, before 29
vooral *adv* especially 816
voorbij *adv* past, finished 397
voordat *conj* before 377
voorstellen *v* to present 737
vooruit *adj* ahead, onwards 389
voorzichtig *adj* careful 536
vorig *adj* previous 738
vraag *nf* question 242
vragen *v* to ask 250
vrede *nf* peace 903
vreemd *adj* strange, weird 574
vreselijk *adj* terrible 714
vriend *nm* male friend 223
vriendin *nf* female friend 459
vrij *adj* free 379
vroeg *adj* early 334
vroeger *adv* earlier 639
vrouw *nf* woman 163
vuil *adj* dirty, filthy 970
vuur *nn* fire 620
waar *adv* where 57
waard *adj* worth 618
waarheid *nf* truth 424
waarom *adv* why 82
waarop *adv* in which 983

waarschijnlijk *adv* probably 435
waarvoor *adv* why 831
wachten *v* to wait 150
wagen *nm* car, vehicle 825
wakker *adj* awake 412
wanneer *adv* when 238
want *conj* because, for 259
wapen *nn* weapon 474
waren *v* were 184
warm *adj* warm, hot 898
was *v* was 33
wat *pro* what 12
water *nn* water 371
we *pro* we 14
wedstrijd *nm* race 809
week *nf* week 375
weer *adv* again 126
weer *nn* weather 127
wees *v* be 386
weet *v* to know 44
weg *adv* away, gone 98
weg *nm* way, road, route 99
weggaan *v* to go away 907
wegwezen *v* to get out 746
weinig *det* little, few 670
wel *adv* certainly 50
welk *det* which (neuter) 708
welke *det* which 349
welkom *int* welcome 460
welterusten *int* good night 990
werd *v* became, was 210
werden *v* became, were 641
wereld *nf, nm* world 255
werk *nn* task, thing to do 179
werkelijk *adj* real, actual 972
werken *v* to work 308
werkte *v* worked 760
wet *nf* law, rule 833
weten *v* to know 122
wie *pro* who 88
wij *pro* we 125
wijn *nm* wine 1000

wilde *v* wanted 176
wilden *v* wanted 713
willen *v* to want, desire 49
winkel *nm* shop, store 897
winnen *v* to win 601
wist *v* knew 201
wisten *v* knew 975
wit *adj* white 838
wonen *v* to live, to reside 725
woord *nn* word 516
worden *v* to become, be 120
wou *v* wanted, wished 286
zaak *nf* case, business 365
zag *v* saw 252
zak *nm* bag, pouch, pocket 704
zal *v* will, shall 79
zat *v* sat 305
zat *adj* full, fed up 306
zaten *v* sat 979
ze *pro* she 16
ze *pro* they 17
zee *nf* sea 873
zeer *adj* very 494
zeggen *v* to say, tell 131
zei *v* said, told 114
zeiden *v* said, told 854
zeker *adj, adv* certain, sure 149
zelf *adv* oneself, by oneself 258
zelfmoord *nf* suicide 954
zelfs *adv* even 264
zes *num* six 405
zetten *v* to set, put 314
zeven *num* seven 577
zich *pro* himself, herself 177
zichzelf *pro* itself, himself 550
ziek *adj* sick, ill 603
ziekenhuis *nn* hospital 588
ziel *nf* soul 829
zien *v* see 101
ziens *v* see 636
zij *pro* she 154
zij *pro* they 155
zijn *v* to be 21
zijn *prep* his, its 22
zin *nm* sentence, meaning 544
zingen *v* to sing 976
zitten *v* to sit 135
z'n *det* his 142
zo *adv* so, thus, like that 52
zoals *conj* like, such as 162
zodat *conj* so that 384
zodra *conj* as soon as 715
zoeken *v* to look for 321
zoiets *pro* something like that 425
zolang *adv* as long as 701
zomaar *adv* simply, just 575
zon *nf* sun 851
zo'n *det* such a, about 261
zonder *prep* without 214
zoon *nm* son 270
zorg *nf* care, worry 385
zorgen *v* to make sure 253
zou *v* would, should 71
zouden *v* would, should 291
zoveel *det* so much 378
zover *adv* so far, as far as 733
zulk *det* such 944
zullen *v* will, shall, should 183
zus *nf* sister 596
zuster *nf* sister 867
zwaar *adj* heavy, difficult 802
zwanger *adj* pregnant 952
zwart *adj* black 682
zweren *v* to make an oath 797

www.ingramcontent.com/pod-product-compliance
Lightning Source LLC
Chambersburg PA
CBHW070148080526
44586CB00015B/1893